石田三成からの手紙

12通の書状に見るその生き方

中井俊一郎
オンライン三成会代表幹事

序

今から二十年以上前のことである。私は歴史好きの友人たち三人と、埼玉県行《ぎょう》田《だ》市付近を歩いていた。

暑い日で、皆の額から汗が滲《にじ》んでいた。

私たちの目的は、戦国時代、天下人・秀吉の家臣である石田三成が攻めた忍《おし》城周辺の史跡を見ることだった。

忍城は今は行田市の市街地の中にあり、それを遠く取り囲むように石田堤《づつみ》と呼ばれる堤防がある。三成は忍城周りにこの堤を築き、城を水没させる「水攻め」を行ったとされている。

水攻めというと、秀吉が行った備中《びっちゅう》（岡山県西部）高松城攻めが有名で、これは見事に成功したと言われているが、これに対し三成の忍城攻めは無残な失敗に終わったというのが通説になっている。

当時の三成に好意的な歴史学者の著作の中においてさえ、

「三成の忍城攻めは、どう贔屓目《ひいきめ》に見ても手際が良かったとは言えない。これでは戦下手と言われても仕方がない」

と書かれていたものである。

暑い日差しの中、忍城から石田堤まで歩き、その距離や地勢を見た。備中高松城の史跡も見ている目の肥えた友人たちの評価も同じだった。

「この城、どうみても水攻めに向いてないね」

「堤の標高って、忍城の本丸より低いでしょう。これだと城は水没しないよ」

「三成って、頭は良いけど、戦争には向いてなかったのね」

厳しい評価を聞きながら、私は何か釈然としない思いがあった。当時から三成贔屓だった私は、三成がそんな無理をするなら、何か事情があった気がしていたのである。

暑さを避けて入った史料館の中で、友人たちを待ちながら、私は棚にある埼玉県の史料集を手に取って見ていた。

何気なく見ていた私は、史料の中に小さく書かれていた三成の書状の写しを見つけ、それに釘付けとなった。史料の注釈には、忍城の水攻めがうまくいかないことに苛立った三成が書いた書状、という解説があったが、私にはその書状はそのようには読めなかった。

「これって、明らかに三成は水攻めに反対しているよ」

やはり三成は合理的で正しい判断をする人間だと改めて見直したのはこの時である。

ここから、関連する史料を読み集め、三成自身は忍城を水攻めにすることに批判的であり、三成の反対を押し切って水攻めを進めたのは現場にいない上司・秀吉であるという考えを持つに至った。ここでも三成の考えは後世に誤伝されていたと思われるのである。

当時から石田三成は評価の分かれる人物であった。

江戸時代は、神君・徳川家康公に逆らった三成の評価は低く、悪辣《あくらつ》な陰謀家というイメージが強かった。自己保身のみを考え、対立する人物を陥れ、主君の側室と密通し、最後には主家をも滅亡に導いた人物と言われていたものである。

近年になり再評価が進み、むしろ忠義の人・正義の人との捉え方がなされるようになってきている。

私自身は、以前から三成贔屓で三成の「押しかけ弁護人」を自称している。そういう意味では、近年の再評価の動きは嬉しいのだが、三成を秀吉への忠義一辺倒の人物と捉えてしまうと「それは本当だろうか?」と逆に疑問の念が湧いてくる。

ただどちらの視点にたつにせよ、三成は四百年前の人物である。同時代の人物ですら、その評価は難しいのに、そのような昔の人物像を正しく評価することなどは私などの手におえることではないだろう。

そうは言っても少しでも三成の実像に迫れる手段はないものか。

実像に迫りたいと思う場合、重要なのは三成本人が残したもの、三成自身が語ったものではないだろうか。

忍城攻めの真相を考えた時も決め手になったのは、三成自身の書状だった。

そうだ書状だ、彼からきた手紙に注目してみよう、と思い立って書いたのがこの本である。

三成の書状は後世破却されたものが多く、現存しているものが少ない。ただ三成自身は、かなり筆まめであったことは確かで、その書状には三成の心情が吐露されたものが多く見受けられる。

ここに紹介する十二通の書状は、特に三成が人生の重要な場面で書き表したものである。

そこには三成自身の迷い・戸惑い・悩み・決意が散見される。

書状の中身、その書状が書かれた背景を私なりに分析し、戦国の激動を生きた一人の人間、石田三成の実像とその思想に少しでも迫れないか、試みた結果を紹介させていただきたい。

中井俊一郎

石田三成からの手紙
12通の書状に見るその生き方

目次

跋

第一章

【仕官】

最古の記名書状―賤ヶ岳合戦

柳瀬《やながせ》（＝柳ヶ瀬。近江賤《しず》ヶ岳《たけ》の北。柴田勝家本陣近く）に置かれた者が帰り罷《まか》り、その書状、使者口上趣《おもむき》とも（羽柴秀吉に）申し上げたところ、一段とご満足でした。重ねて彼《か》の地へ人を置いてください。なお筑州《ちくしゅう》（秀吉）より直接お礼するとの仰せです。

尚以、筑州より」御直礼にて被仰」候之間、為我
等不直礼候、已上、」

柳瀬ニ被付置候」もの罷帰候とて、」御状御使者口上」
趣具申上候處、」一段御満足之儀候、」重而も彼地人
を」被付置、切々被」仰上尤存候、」尚、近々可申承
候、」恐々謹言、」
石田左吉

▲石田三成出生の地にある堀端池（治部池）（滋賀県長浜市）

三月十三日　　三也（花押）
称名寺　貴報

天正十一年（一五八三）三月十三日　称名寺宛書状　称名寺蔵

三成の名が記された最古の書状

人生には重要な出会いがある。

三成にとって戦国の英雄・秀吉との出会いは疑いなく、その人生を決定づけた出会いであったろう。

秀吉は単なる主君ではなく、さまざまな意味で三成の教師であり、三成の政治思想を実現させるためのかけがえのない心強い後ろ盾であった。

冒頭の書状は、三成が賤ヶ岳合戦の際に秀吉の名代《みょうだい》として発行したもので、三成（三也）の名前が記された書状としては最も古いものの一つである。この時、三成二十四歳。

文中に記される「筑州（秀吉）」という言葉からは、三成が秀吉のそば近くで働いている誇りと喜びが伝わってくるように思える。

賤ヶ岳の戦いは、言うまでもなく秀吉の天下取りにあたって非常に有名な戦いであるが、この際、三成は秀吉家中でどのような立場にいて、どのような働きをしたのだろうか。

賤ヶ岳に至るまでの、三成と秀吉の出会いの経緯から振り返ってみたい。

観音寺「三献茶」の逸話

三成と秀吉の出会いに関しては、有名な三献茶《さんけんちゃ》の逸話がある。

「長浜城主となった秀吉は、ある日、領内で鷹狩りをしていた。その帰途、喉の乾きを覚えて、ある寺に立ち寄って茶を所望した。対応した寺の小姓《こしょう》は、まず最初に大ぶりの茶碗にぬるめの茶を一杯に入れて出した。喉の乾いていた秀吉は、それを一気に飲み干したあと、もう一杯たのんだ。次に小姓は、やや小さめの碗に、少し熱めにした茶を出した。秀吉が試みにもう一杯所望したところ、今度は小ぶりの碗に熱く点《た》てた茶を出した。相手の様子を見て、その欲するものを出す、この心働きに感じいった秀吉は、その小姓を城に連れて帰り家来とした。この小姓が、その後累進《るいしん》し、五奉行の一人、石田三成となったのである」

▲観音寺（滋賀県米原市）と「三成茶汲みの井戸」

『砕玉話《さいぎょくわ》』（『武将感状記』）にある逸話で、気配りの大事さを伝える逸話として人口に膾炙《かいしゃ》されているが、残念ながら史実かどうか検証のしようがない。「ある寺」の舞台とされている近江・観音寺（米原市）には、「三成茶汲みの井戸」もあるが、これの由来も不明である。

ただ三成と秀吉をつなぐ線上に観音寺そして三成の父・石田正継《まさつぐ》が居たことは、ほぼ間違いないであろう。

秀吉に仕えたのは何歳の時か

観音寺の境内から見上げれば、その裏には、要害・横山城がそびえたっている。

横山城は織田氏と浅井《あざい》氏の争いの中で最前線の境目の城となり、元亀元年（一五七〇）六月にこの城を攻略した織田方は、ここの城番《じょうばん》として秀吉を命じたのである。

▲横山城址（滋賀県長浜市・米原市）から伊吹山を望む

石田氏はこの地の在地土豪であったと考えられ、横山城の麓にある観音寺の有力な檀家でもあった。当主の正継は器量人としてこの地方のさまざまな揉め事の仲裁を行っていたことが、観音寺に残る文書から窺える。

浅井氏とのつながりが薄い石田氏を、この地に駐屯した秀吉が頼りにしたと見るのは自然だろう。自身も非凡な人材であった正継が、秀吉を一族を託すに足る人物と思ったかもしれない。

横山城の城番であった秀吉は、やがて浅井氏滅亡後にこの地の領主となり、本拠を長浜に設けた。成り上がりで自前の家臣団を持たない秀吉は、領内から人材を集める必要に駆られ、その中で三成およびその兄・正澄《まさずみ》の兄弟も秀吉の近習《きんじゅう》に取り立てられていったものと考えられる。

「三献茶」の伝承通りであれば、三成が仕えたのは、秀吉が長浜城主となって間もなく、天正二年、十五歳のころになる。一方で三成の子・重家《しげいえ》の遺した『霊牌《れいはい》日鑑』によれば、三成の仕官は更にその三年後の十八歳の時になる。

▲長浜城歴史博物館と
JR 長浜駅前の秀吉と三成の「出逢いの像」

賤ヶ岳合戦で情報戦の一翼を担う

いずれにせよ秀吉に仕えた三成は、やがて頭角を表し、そして三成の名前が正史に登場するのが、秀吉が柴田勝家と覇権を争った賤ヶ岳の戦の時になる。

賤ヶ岳の合戦。その時、三成が秀吉家臣となってから六年以上の歳月が経っていた。まずこの有名な合戦の概要を最初に振り返っておきたい。

山崎の合戦で明智光秀を破り、秀吉は天下人への道を大きく歩みはじめた。しかし賤ヶ岳の戦いのあった天正十一年（一五八三）当時、秀吉をめぐる環境は決して楽観できるものではなかった。北陸の柴田勝家・佐々成政、美濃（岐阜県）の織田信孝、伊勢（三重県）の滝川一益、東海の徳川家康ら、名だたる強敵が秀吉の包囲網を築いていた。子飼いの家臣が少なく、織田旧臣たちを短期間で味方に取り込み勢力を拡大していた秀吉は、一歩間違えば彼らの支持をなくし、その地位を失う怖れがあった。

中でも反秀吉陣営の筆頭・柴田勝家との戦いは、秀吉にとって非常に厳しいものであった。越前（福井県）の柴田勝家が雪で動けない冬季間に、滝川一益・織田信孝を押し込め

▲賤ヶ岳古戦場から余呉湖を望む（滋賀県長浜市）

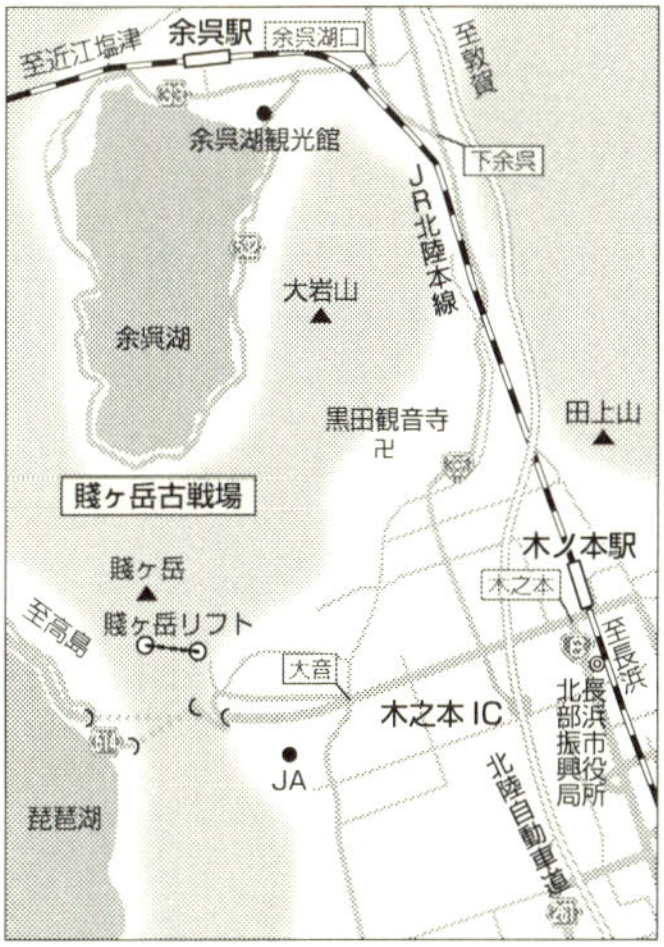

た秀吉は、雪解けとともに勝家軍の攻勢に曝《さら》されることになる。多方面での戦いを強いられた秀吉は、勝家との短期決戦を望んでいたが、戦巧者の勝家は賤ヶ岳付近・柳ヶ瀬の隘路《あいろ》に強固な陣を敷き、秀吉軍を牽制《けんせい》した。

果たして秀吉が柴田軍に釘付けにされている間に、岐阜の織田信孝が蜂起、秀吉は腹《ふく》背《はい》に敵を受けることとなった。

ここにおいて秀吉は大きく戦略を転換し、主力を持って岐阜の信孝を討つこととする。強敵・勝家を後に廻し、まず孤立した敵（信孝）を全力で倒すというこの戦略は「我が主力を持って、敵の分力を討つ」という戦いのセオリーに沿ったものであった。

ただしもし勝家が秀吉不在の留守部隊に攻勢をかけた場合、秀吉側は非常な危機に陥ることになる。この作戦が功を奏するかどうかは、勝家が攻勢をかけてきても留守部隊が耐えている間に秀吉がその情報をいち早く掴《つか》んで戦場に戻って来られるかどうか、時間との勝負に掛かっていた。

情報とその速度、それがこの戦いの勝敗を握っていたのである。三成はまさにこの情報戦の一翼を担っていた。

諜報活動で勝家本陣の動向を探る

三成の出生地・石田（長浜市石田町）は、岐阜と賤ヶ岳を結ぶ線上の湖北地域にある。

三成はその地縁をフルに生かして、地元の集落・寺院に働きかけ諜報活動にあたっていたのであろう。冒頭の書状の宛先・称名寺も現在の長浜市尊勝寺町にあり、三成はそこから勝家本陣の動きを探らせていたのである。書状は、称名寺の手の者が諜報でよい働きをしたことへの礼状にあたる。

そして秀吉が岐阜に転進した四日後、勝家側の大攻勢が始まる。

後世の史家の中には、これを秀吉の予定の戦略ととらえ、秀吉がわざと隙を見せて勝家軍の攻撃を誘い出したと言う者もいるが、必ずしもそうとは思えない。もちろん秀吉は勝家側が攻勢をかけてくる可能性を充分考えていたことは間違いない。それは三成らに諜報活動を行わせていたことからも明らかだ。

しかし勝家側の猛将・佐久間盛政の攻勢は秀吉の予測を超えたものであった。秀吉は柴田勝家側の攻勢に耐えるよう、勝家と対峙する最前線の堂木《どうぎ》山・東野山を結ぶ線に強固な陣城を築いていた。事実この防衛線は何回か柴田勝家の攻勢を凌《しの》いでいる。しかし勝家側の佐久間盛政はその堅陣を迂回し、手薄な第二陣に攻撃を仕掛けるという大胆な戦略をとってきたのである。『賤ヶ岳合戦記』では盛政は秀吉軍から寝返った山路正国《やまじまさくに》の情報によりこの戦術を思いついたとされるが、最近の陣跡実地踏査でも、秀吉側は最前線の第一陣の堅固さに比べ、後方の第二陣が非常に貧弱な縄張《なわばり》であり、この軍記物どおりの状況であったことが裏付けられている。勝家側が攻勢をかけてきても第一陣がそれを弾き返して時間を稼ぐ、という秀吉の思惑は外れた。

佐久間盛政の攻勢により、秀吉側の中川清秀は敗死。高山右近《うこん》、桑山重晴は敗走。背後に敵を受けた第一陣の部隊にも動揺が走り、兵の逃散が始まった。秀吉軍の危機であった。

秀吉の大返しを可能にした地縁ネットワーク

だがいち早くこの戦況を掴んだ秀吉の行動は早かった。大垣〜賤ヶ岳54㎞をわずか五時間で踏破するという、有名な大垣大返しを行うのである。

この大返しの際に、秀吉が近在の村々に炊き出し、松明の提供などの協力を求め、夜間であるのに兵は空身《からみ》で駆けた、というのは有名な話であるが、このような素早い組織立った対応が可能になったのは、三成らが作った地縁のネットワークが働いていたことは想像に難くない。

大返し後の賤ヶ岳戦の行方はよく知られているとおりである。勝家は敗走し、北ノ庄で自刃《じじん》。盛政は捕縛《ほばく》され処刑される。

なおこの合戦では加藤清正ら有名な賤ヶ岳七本鑓《しちほんやり》と並んで、三成も一番鑓の働きをしたという記述が『一柳家記』にある。ただし史料原文を読むと、この一番鑓が果たして本当に三成のものであったかは分からない。

三成の働きは、やはり諜報《ちょうほう》戦の中にあった。三成が賤ヶ岳で恩師・秀吉から学んだことは、戦場での鑓働きよりも、もっと広い戦略を見据える目であったろう。

出会いから八年。この時期の三成は、秀吉の間近で生き生きと動き、その考えを学んでいた。冒頭に掲げたもの以外にも、この当時の三成の書状には「筑州（秀吉）」という言葉が数多く踊っている。当時の三成の気持ちを、その文字から窺い知ることができる。

▲石田三成像（滋賀県長浜市）

第二章　【邂逅】若き日の直江兼続との出会い

書状ありがとうございます。この度、人質を上洛させるとのこと、よくよくお考えいただき、秀吉も満足しています。詳しくお知らせください。これよりはどんなことでも使者をもって申し入れください。恐惶謹言

御書忝存候、仍今度御證人被成御上候、深重御入魂之段、別而筑前守（羽柴秀吉）満足被申候、殊御腰物（光忠守家）兩腰并朱塗天目被進之候、祝着被申通、委曲被及御報候、何様頓而従是以使者可被申入旨候、万端大石播州（元綱）口上ニ被申渡候条、可得御意候、此等之趣宜預御披露候、恐惶謹言、

長盛　（後筆）「増田右衛門事」

（天正十一年）七月十一日　三成　（後筆）「石田治部少事」

清久　（後筆）「木村伊勢守事」

直江山城守（兼續）殿

天正十一年（一五八三）七月十一日　直江兼続宛　三成・長盛・清久連署状　『歴代古案』所収

緊迫した関係の陰で

人生の中で出会った多くの人たち、中には、その関わりがお互いの人生に大きく意味を持つ人がいる。ただその出会った瞬間には、その意味合いは分からない。

石田三成と直江《なおえ》兼続《かねつぐ》の邂逅《かいこう》、その時両者はそれが後にどのような運命をもたらすかの、予感はあったのだろうか。一人は後に五奉行の一人となり、一人は五大老・上杉家の名家老として「天下執柄《しっぺい》の器量人」との名を輝かせる人物となった。

兼続と三成が初めて書状を交わしたのは、天正十一（一五八三）年、兼続・三成ともに二十四歳の時である。

▲直江兼続像（与板歴史民族資料館・南魚沼市役所前、新潟県）

まだ秀吉は天下取りへの階段を昇り始めたところであり、その近習《きんじゅう》である三成の地位も高くはなかった。そして兼続は上杉家中では確固とした地位を占めていたとはいえ、信長によっていったんは滅亡の淵にまで追い込まれた地方領主の家臣に過ぎなかった。当時、この程度の地位の人物は数多《あまた》おり、全国的には、まだ無名の人物同士であったと言ってよいだろう。

二人が初めて交わした冒頭の書状の内容もあくまで公式なものである。お互い顔を知らず、名前もほとんど知らなかった中で初めての書状を交わした二人。ただ三成の文面は丁寧で、書止《かきどめ》の「恐惶謹言《きょうこうきんげん》」の句に見られるように、敬意に満ちたものである。上杉家に対する三成のこの姿勢は終生変わることはなかった。

このように三成・兼続を取次として、誼《よしみ》を通じた秀吉と上杉景勝であったが、天正十一年当時、両者の関係は決して良好なものとは言えなかった。

北国《ほっこく》の柴田勝家と敵対していた秀吉は、その背後を突く存在として上杉景勝に期待していたのだが、それに対する景勝の動きは鈍かったからである。この当時の景勝の関心は反乱の相次ぐ越後平定にあったからだが、苛立《いらだ》った秀吉は勝家滅亡後に上杉討伐を公言するほどであった。

冒頭の書状は、実はそのような緊迫した関係の中でやり取りされたものであり、景勝側が人質を出すことで、ようやく両者の関係は修復された。当時、景勝は完全に秀吉に臣従していたわけではなく、臣従前のこのような関係で一方的に人質を出すのは珍しいことであった。三成・兼続らの陰での苦労が窺われる。

景勝と兼続、三成を責める

そして天正十三年（一五八五）になり、景勝は遂に上洛し秀吉に臣従する。この時、三成は景勝・兼続主従を加賀（石川県南西部）まで出迎えに行っている。京までの道中、三成・兼続がどのような話をしていたのかにも興味をそそられる。

三成らの斡旋《あっせん》で好転してきたかに見えた秀吉と上杉家の関係であるが、実はまだ大きな問題が残っていた。

景勝の膝下《しっか》、越後（新潟県）で秀吉に臣従していた勢力は、景勝だけではなかったのである。景勝に対抗する新発田重家《しばたしげいえ》も秀吉に通じていた。新発田重家は、現在の新潟平野付近に大きな勢力圏をもち、長く景勝の越後統一を阻んでいた。

上方の情勢に敏感な新発田重家は早くから信長に通じ、勝家滅亡後には秀吉にも誼を通じていた。景勝は秀吉政権の後ろ盾を得て新発田重家を倒すことを望んでいたが、それは簡単なことではなかった。

大名間の私戦停止・天下の惣無事《そうぶじ》をスローガンとして天下統一を果たそうとしていた秀吉政権にとって、景勝の願いは簡単に聞き入れられることではなかったのである。

豊臣政権の基本政策である一連の惣無事令、これを藤木久志《ふじきひさし》氏は「豊臣平和令」と総称されている。「平和令」という言葉が誤解を招くとの批判はあるが、この政策が各領主の交戦権を否定し、領土紛争は豊臣政権の裁定によるとしたことは、戦国の混乱に終止符をうち、新たな秩序を打ち立てるという意味で確かに「平和」を指向したものであった。惣無事令の先駆けとなる九州の停戦令は天正十三年十月に出されており、関東にも天正十五年に出されている。これは弱肉強食の戦国大名を、豊臣政権・豊臣公儀という名の鎖で縛る試みであった。

新発田問題は単に越後の国内問題ではなく、秀吉の天下一統政策の試金石の様相をみせつつあった。秀吉周辺では新発田重家赦免の動きが出ており、苛立った景勝・兼続は三成をも責めたようである。

三成と兼続の利害が一致

このころ、重家赦免の動きを景勝に釈明した三成の書状が残っている。内容はやや自己弁護めいていて、あまり三成の書状らしくはないが、上杉との関係を重視する一方で、豊臣政権の方針も進めようとする三成の苦衷《くちゅう》があったことは推測される。

だが最終的には秀吉から重家討伐は認められ、景勝は念願の越後統一を果たす。なぜ秀吉が重家討伐を認めたか、その経緯は不明である。秀吉方から提示した講和条件を重家が呑まなかったこと、東国の状況が好転したことなどが考えられるが、いずれにせよ景勝・兼続主従から秀吉周辺への強い働きかけがあったことは間違いない。その中で上杉家は豊臣政権に深く密着し、その東国政策で中心的役割を果たし続けることになったのである。

上杉家を豊臣政権の東国政策の中心に置きたいという三成と、秀吉の力を借りて上杉家の基盤強化を図りたいという兼続。両者の利害はこの時、よく一致していたといえるだろう。

しかし両者にはさらに新たな試練を乗り越える必要があった。出会いから十五年後に訪れた転機、上杉家の会津転封《てんぽう》である。

伊達《だて》・徳川ら東国の大勢力に対する抑えとして、会津の地は重要であり、豊臣政権では当初名将蒲生氏郷《がもううじさと》をその地に宛てていた。しかし氏郷が文禄四年（一五九五）年に四十歳で死んだ後、幼い当主、秀行の元で家中が乱れた。さらに蒲生家は秀吉の期待に反し、家康に近づく動きももった。蒲生家に引き続き会津を任せることはできず、かわりにその地を誰に任せるかは、豊臣政権にとって重要な選択であった。

そして白羽の矢がたったのが上杉景勝である。

父祖伝来の地・越後、ようやく統一を果たしたその地を去ることは、景勝にとって耐えがたい思いがあったことは想像に難くない。だが一方で会津に転封して国人《こくじん》の影響を排し、大領を得て自家の基盤を強化すること、長い目で見れば上杉家にとって望ましいことであった。

三成・兼続は共同してこの会津転封をやりとげ、この試練を経て景勝はついに五大老の一員となった。

三成・兼続が初めて書状を交わした時、わずか三十万石程度の所領にまで追い込まれていた上杉家は、豊臣政権の一翼を担うことで、その四倍もの大領を得ることになったのである。

ただ若き日の三成・兼続の邂逅がもたらした結果は、それに留まらず、後にさらに天下を大きく揺るがすことになる。

直江兼続と石田三成

家康に喧嘩を売った「直江状」

直江《なおえ》兼続《かねつぐ》は生前もその死後も評価の高い人物である。

上杉景勝の補佐役として、一時は滅亡の淵にあった上杉家を百二十万石の大老の地位まで上らせたこと、米沢減封後もよく家中をまとめてその後の藩政の基盤を築いたことなど、兼続の事績を追えばその非凡さは疑いない。

秀吉は、兼続を「天下執柄《しっぺい》の器量人」と呼び、上杉家のみならず天下の治政を切りまわせる人材と評価したという。

だが兼続の名前を特に高めているのは、世にいう「直江状」という書状、徳川家康に喧嘩《けんか》を売ったと称される書状によるだろう。これはその文体の流暢《りゅうちょう》さから、江戸期は寺小屋の教本として取り上げられることも多く、世に広く知られている。

小説の世界からその直江状が書かれた状況を抜き出してみたい。出典は司馬遼太郎氏の佳作『関ヶ原』である。


　山城守（直江兼続）は退出し、大町口の城門わきにある上屋敷にもどり、

「書院に筆硯を用意せよ」

と言いつけ、衣服を脱ぎ、湯殿に入り、児小姓二人に体を洗わせた。

　湯殿を出たときは、すでに胸中、文相が高鳴るように湧きはじめている。

　書院にすわった。

「料紙はこれのみか」

　足りない、というのだ。家康の暴慢に対する胸中の鬱積をたたきつける以上、よほど長文の手紙になるであろう。

「もっと用意せよ。墨も、硯の池にまんまんと水を満たして磨れ」

　想、ようやく至った。

（略）

　山城守はなおも書き続けたが、文意修辞とも家康に対する痛烈な当てつけに満ち、暗にその奸謀を、天と景勝だけは見ぬいている、というおどしを文意の底に秘めさせ、最後に日付、署名、宛名を書き終わったあと、「追伸」として、
　追而急ぎ候間、一遍に中述候。

　内府様又は中納言様（徳川秀忠）、御下向の由に候間、
　万端、御下向次第に仕るべく候。

と書いた。この三行が挑戦状である。意味は、

「追記する。うわさによれば家康殿か秀忠殿かが会津討伐に下向なさるらしい。万端、つまりすべては——その節に仕ろう」

というもので、家康が三軍をひきいて来るならば来よ、我は国境に陣を布いて待つであろう、ということである。

この有名な「直江状」であるが、かねてから偽書説が根強い。

これほど家康を侮辱した文章を上杉家の家老が本当に書くだろうか、という当然の疑問があり、後世捏造《ねつぞう》されたものだという意見や、実際にそのような書状はあったのだが、文体は家康を嘲弄《ちょうろう》するようなものではなかった、文章が後世に改変されて伝わったのだという見解もある。

直江状の真偽については今後も様々な議論がなされるだろうが、確かなこととして言えるのは、直江状の内容は上杉景勝が関ヶ原合戦前に家中に出した書状の内容と類似しており、少なくとも完全に後世に捏造されたものではなく、そのベースとなりうる書状や上杉家中の意思はあったろう、ということである。

元となる書状がある以上、直江状を「偽書」と断じるのはあたらない。また史実であるかどうかは別にして、この文書が兼続の名に託されて後世に広まっていること自体が、兼続という人物に対する評価の高さを意味しているとも言えるだろう。

共同で成し遂げた会津転封

兼続は永禄三(一五六〇)年、信長が今川義元を桶狭間で破った合戦があった年に生まれている。石田三成と誕生年は同じである。そして景勝の側近として早くから頭角を表している。

兼続が三成と接触をもったのは、本文中にも書いたように天正十一(一五八三)年、秀吉が勝家と争った頃からであった。だが両者の信頼関係が特に表われているのは、その後の慶長三(一五九八)年、上杉家の会津転封《てんぽう》の際である。

三成の仲介で豊臣政権下の大名として発展を遂げていく上杉家であったが、その中で乗り越えなければいけなかった大きな壁が、この会津転封であった。これは豊臣政権の重要な東国政策であり、また上杉家が越後国人の影響を排し近世大名へと脱皮するためにも成し遂げなければならないものであった。

しかし長年慣れ親しんだ越後の地を離れなければならない上杉家家臣たちの不満と不安、それを抑えなければならない兼続の苦悩は想像するに余りある。

三成と兼続は共同してこの事業を成し遂げた。

会津転封に際しては、三成と兼続は共同して会津に掟書をだし、その治安維持を図っている。掟書の内容は三成らしい公平性を重視したものだが、このような掟書を立場を超えて連名で出している事実に、兼続と三成の信頼関係がうかがえる。また上杉家の会津転封に際しては、まず元の領主・蒲生《がもう》家から三成が領地を受け取り、それを三成が上杉家に引き渡すという手順を踏んでいる。これも三成と兼続の信頼関係を軸に、転封を少しでも摩擦なく進めようという配慮であろう。

関ヶ原合戦前に密約はあったのか

関ヶ原の戦いでは兼続と三成の間に、果たして事前謀議があったか無かったについての議論も昔からよくある。家康を会津攻めに引き寄せておいて、その隙に三成が上方で決起するという約束が事前に両者の間でできていたというのである。

両者の信頼関係の深さを思えば、事前謀議があっても不思議はない。事前謀議を示す史料や書状がない、というのが否定の理由にされることもあるが、そもそも「謀議」というのは証拠を残さないよう配慮するものではないだろうか。

ただ、やはりこの点に関しては、私も事前謀議が無かっただろう、と思わざるをえない。その理由は本文にも後で書いているが、そもそも会津攻め自体が家康主導で行われていて、上杉は言わば売られた喧嘩をかった立場であることと、三成が同じ大坂にいる真田昌幸らに対してすら決起の相談していないのに、遠国にいる兼続と謀議を図ることは現実に困難であったと考えられることである。

ただ事前謀議の有無はともかく、家康の会津攻めに対し、三成が上杉を見殺しにできないと思ったことは確かであろう。これは三成の決起の動機の大きな部分を占めていたのではないかと想像される。

関ヶ原本戦においては、情報不足から十分な連携ができなかった両者であるが、その信頼関係は長い年月をかけて培われていたのである。

第三章 【葛藤】

忍城水攻めで上司に反対意見

昨日、家臣に丁寧な口上をいただきました。忍城《おし》のことは、思惑通り順調に進んでいるので、先発の者は引き取りたいとのご指示でしたので、そのとおりにしました。しかしながら、城攻めの諸将は水攻めと決めてかかっているので、全く攻め寄せる気がありません。城内から半分の人数が出る（投降してくる）よう城方へ働きかけているとのことですが、そんなやり方では遅すぎるのではありませんか。もう城方の詫言などにかまうべき時ではありません。まず攻め寄せるべきです。ご指示お待ちしています。

以上

昨日河瀬吉左衛門尉進之候処、御懇之返事、口上被仰含候段、令得心候、忍之城之儀、以御手筋大方相済ニ付而、先手之者可引取之由蒙仰候、則其分ニ申付候、然処諸勢水攻

▲丸墓山より忍城を臨む（埼玉県行田市）

之用意候て、押寄儀も無之、御理ニまかせ有之事候、城内御手筋へ御理、半人数を出候ハヽ、遅々たるへく候哉、但人数を出候共、御侘言之筋目ハ、其かまい有之間敷候ハヽ、先可押詰候哉、御報待入候、猶口上申含候、恐々謹言、

石田少

六月十三日　三成（花押）

浅弾（浅野長吉）様

木常（木村一）様

御陣所

天正十八年（一五九〇）六月十三日、浅野長吉宛書状　浅野家文書　大日本古文書所収

上司の意向に反対

組織に入れば、上司との衝突は日常茶飯事である。

「なんで何も分かってない上司の出鱈目《でたらめ》な指示に従わなければならないのか？」組織の中でそういう気持ちを抱かずに過ごせている人がいたら、それは大変幸運なことである。

時代を遡って、戦国時代においても、その状況は変わらない。

人間関係の難しさはいつの時代も同じであるが、ただ戦国の世においては上司の力は

ずっと強く、人の命の重みはずっと軽かった。お前はクビだ、と言われたら、そのまま首がとんでいた時代である。そのことは改めて言うまでもない。

ただ三成はその生涯の中で、何回か上司の意向に逆らうことを意見している。

冒頭の書状はその一つ。三成が上司（浅野長吉《あさののながよし》）に反対意見を述べているものである。

これは三成が三十一歳の時である。この書状はどういう経緯で書かれたのか、述べていきたい。

上司の仕事を引き継ぎ一軍の将に

この書状が書かれた年、三成は初めて一軍の将となっている。

向かった先は、武蔵・忍城《おし》（埼玉県行田市《ぎょうだ》）。

三成の水攻めで有名となったこの城は、城方の十倍にもなる三成方の攻撃を凌ぎ、武蔵武士の意地と三成の戦《いくさ》下手ぶりを、満天下に示した城として伝えられている。

だが、それは真実の姿なのだろうか。その時、忍城では本当は何が起きていたのだろうか。

三成の忍城攻めは、天正十八年（一五九〇）秀吉の北条征伐《ほうじょうせいばつ》の一環として行われた。

秀吉は大軍をもって、北条氏の本拠・小田原城《おだわら》（神奈川県小田原市）を囲む一方で、関東各地に点在する北条方の城を別働隊で攻めさせたのだ。

その一つが、関東七名城の一つに数えられた忍城攻めである。

三成は実は、この別働隊に最初から加わっていたわけではない。自前の軍勢千五百人ほどを引き連れた三成は四月頃、小田原に参陣。その後は秀吉の陣所にいて、その取次を行っていた。

その頃の別働隊主将は、冒頭の三成書状の宛先である浅野長吉（長政）であり、四月初めより諸将と共同で関東各地の城を盛んに攻めている。浅野長吉は後に五奉行筆頭になるように、秀吉の姻戚として直臣の中でも抜きんでた存在であり、長く三成の上司的立場にいた。

▲忍城址（行田市郷土博物館）

その長吉が五月末ごろいったん小田原へ召還される。これは奥州（青森・岩手・宮城・福島の各県と秋田県の一部）の雄・伊達《だて》政宗《まさむね》が小田原に参陣するのに伴い、その取次役をしていた長吉が呼ばれたためである。長吉の小田原召還と入れ替わりに、それを引き継ぐ形で三成が別働隊奉行として出陣する。
率いる軍勢は佐竹義宣《さたけよしのぶ》・多賀谷重経《たがやしげつね》・宇都宮国綱《うつのみやくにつな》ら約三万。盟友・大谷吉継も従軍し、後には真田昌幸も加わった。自身の軍勢の二十倍もの兵力を与えられた三成にとって、これは大抜擢であったと考えられる。

三成は五月二十六日に館林《たてばやし》城に到着。館林城は松井田城・山中城などと並び、北条方が拠点防衛の一つとして重視していた城であるが、この城は三十日に開城させ、次に向かったのが問題の忍城である。忍城に着いたのは六月五日以降と推定される。

『のぼうの城』の真相

その忍城攻めはどうなったのか。

いまに伝わる通説での忍城攻めの様子を、まずここで示しておきたい。出典は『成田記』や『関八州《かんはっしゅう》古戦録』など江戸期の軍記物である。

「三万を超える大軍を擁した三成は忍城に向かう。忍城は周りを沼・池に囲まれた要害であり、忍城主・成田氏長《うじなが》はこの時小田原城にいたが、城代《じょうだい》・成田長親《ながちか》らを中心に三千余が立て籠り三成を迎え撃った。城方の奮戦に業を煮やした三成は、秀吉の備中高松城攻めに倣《なら》い、この城を水攻めにすることを思いつく。近在から十万の人夫を集めた三成は、城を囲む堤を僅か五日で完成させた。だがそれでも城は落ちない。やがて大雨と城方の攻撃で堤が決壊、濁流は寄せ手の三成側に襲いかかり水攻めは失敗する。忍城は結局、三成の城攻めでは落城せず、小田原で秀吉に帰順した城主・氏長の勧告で開城したのである。そして大軍で攻めながら城を落とせなかった三成はその「戦下手」ぶりを嘲笑われることとなった」

この通説は忍城攻めを取り上げた『のぼうの城』など多くの小説・映画等で取り上げられているので、ご存知の方も多いだろう。

三成の戦下手、それに対する関東武士の勇戦、というのが衆目のみる忍城攻めの姿である。

だが、それは忍城攻めの真実の姿なのだろうか。

冒頭の書状を振り返ってみたい。この書状は忍城攻め開始直後の六月十三日に三成が浅野長吉に発したものである。

書状は三成の忍城到着直後のものだが、文面から察するところでは、三成が着く前に、長吉の手の者で忍城攻めは始まっていたようである。三成はそれを引き継いだわけだが、ここで三成は水攻めを既定路線化することに反対し、より積極的な城攻めを主張している。通説と大きく異なる三成の姿がそこにある。

また三成は、城方からの投降を許すな、との意見も具申している。

ここからは、秀吉方の一部に水攻めを指示する一方で、城方からの投降を促すような、馴れ合い的な対応があったことが窺える。

いずれにせよ、そこにあるのは水攻めよりもっと強硬な城攻めを主張する三成の姿である。三成自身は水攻めに批判的だったのだ。

水攻めにすると決めたのは誰か

忍城を水攻めにすることを決めたのが三成ではないのなら、それは誰だろうか。浅野長吉だろうか。

残念ながら忍城攻めに関する三成の書状は冒頭の一通しか残っていないため、三成自身にそれを語ってもらうことは出来ない。

三成に代わって忍城攻めに関する多くの書状を残している人物がいる。それは三成の主君・秀吉である。戦いの数十年後に創られた軍記物ではなく、当事者の生の声を書状から追ってみよう。

まず最初は六月十二日付、冒頭の三成書状の前日に書かれた秀吉の書状である。

忍城は堅く攻めるように言ったが、籠城しているものの命までは助けてくれ、と嘆願しているものもいる。水攻めにする際は、城内には一万くらいいるだろうが、周囲が（水没して）荒地となる間、互いに助け、城内と小田原に籠るものとも、（縁者の）老人子供（足弱）等は別の城へ移し面倒をみてやるように。（略）別奉行を遣わすには及ばない。そのこと疑わないように（略）

忍の城の儀、御成敗加えらるべく旨、堅く仰せ付けられ候と雖も、命迄の儀は御助けなさるべく候様とも、達て色々歎き申す由候。水責に仰せ付けられ候は（略）足弱以下は端城へ片付け（略）扶持方申し付くべく候（略）其方御疑いなされるべく非ず候間、別奉行は遣わさるに及ばす候（略）

前後の書状がないため、意味が不明な部分もあるが、この書状は三成から忍城攻めの方針を尋ねられた秀吉の回答のようである。

▲丸墓山（さきたま古墳公園）

冒頭の三成書状は、この秀吉からの回答を見る前に、行き違いで送られたものであろう。三成は忍城を水攻めにすることへの疑問を秀吉本人にもぶつけたようだが、その回答としてきたのは、水攻め処置に関する細かな指示と、別奉行は送らない、忍城は三成に任せる、との秀吉の意志表示であった。

尊敬する上司に「お前に任せる」と言われれば、奮い立たないわけにはいかないだろう。秀吉が部下の扱いにも長けていたことを示す一面が、ここにもある。

水攻めという手段にこだわった秀吉

水攻めに固執する秀吉の姿はエスカレートしていく。次の書状は六月二十日付で同じく三成に宛てたものである。

水攻め普請のこと、油断なく行っているのは尤もなことだ。なお真田昌幸と浅野長吉を遣わすのでよく相談するように（略）普請が大体できたら、使者を派遣して私に見せるように（略）

水責め普請のこと、油断なく申し付け候は尤もに候。浅野弾正真田両人、重ねて遣わし候間、相談し、いよいよ堅く申し付くべく候（略）普請おおかたでき候はば、御使者を遣わされ、手前に見させらるべく候

浅野長吉がどういう立場で水攻めに加わったのかは不明であるが、当時、鉢形城《はちがた》（埼玉県大里郡寄居町）攻略中であった長吉は七月一日頃に忍城に着いた模様である。次の書状は秀吉が七月三日に長吉に宛てたものである。

（忍城の）皿尾口を破って首を三十余り取ったそうだが、絵図を見れば破って当然のとこ

ろだ。（忍城は）ともかく水攻めする。その段申し付ける。

皿尾口乗り破り、首三十余討ち捕るの由、絵図をご覧なされ候、破り候てしかるべきところに候条（略）とかく水責仰せ付けらるる事に候間、其の段申し付くべく候也

武功を挙げた長吉を、水攻め方針違反として逆に叱責する内容である。さらに六日付の上杉景勝宛ての書状では、

小田原では氏政をはじめ、その他年寄りたち四、五人切腹させます。（略）ついては（小田原の事は片付いたので）こちらへ来ずに、忍城へ早々に行って、堤つくりをしてください。十四、五日頃には忍城の堤を見物に行きます。

小田原の事、氏政を初めとして、そのほかの年寄ども四五人切腹すべく候。（略）しからばその表の人数、この方へ入れず候間、忍面へ早々相越し、堤丈夫の申し付くべく候、十四、五日ごろには、忍面の堤の躰ご見物なさるべく候条。

と、なんと小田原攻めが終了し、北条征伐の趨勢《すうせい》が決まったあとにも関わらず、忍城

水攻めを継続すると述べている。水攻めに対する秀吉の非常なにこだわりが見てとれる。

これら一連の書状から分かるのは、「忍城をおとす」という目的より「城を水攻めにする」という手段にこだわった秀吉の姿である。

水攻めにかかるコストと費用

そもそも忍城水攻めとは、どれほどの費用と時間がかかるものだったのだろうか？

忍城水攻めのため作られた堤防は石田堤と呼ばれている。その長さの見積もりは、人によって異なり、最短0.8㎞というものから最長28㎞というものまである。これは自然堤防や既存の堤をどこまで利用したかの見方が人によって異なるためであるが、大正期に現地踏査した清水雪翁《しみずせつおう》氏の「全く新規に作った堤が6㎞程度、既存の堤を補修した部分が22㎞程度あった」、という評価が妥当なものであろう。この堤全長は備中高松城攻め（約2.8㎞）の約10倍にあたり、戦国水攻めの中でも群を抜いた最大規模のものである。

忍城水攻めがこのような大規模なものにならざるを得なかったのは、その地勢による。忍城の周囲は全くの平坦地であり、かつ取水源となる利根《とね》川・荒川も遠く、水没面積

▲石田堤（埼玉県行田市）

は大きくならざるを得なかったのである。三成が利根川の取水口とし、そこで戦勝祈願をしたと伝わる江原観音院（埼玉県深谷市）は、忍城の15㎞も上流に位置している。水攻めによる水没面積はざっと100㎢、東京ドーム二千個分である

この堤を築くのに要した費用はいくらだろうか。仮に堤の全長を14㎞と仮定した場合、必要となる土砂の量は70万㎥となる。旧陸軍の基準に照らすとこの規模の土木工事は、築堤だけで約四十六万人日、すなわち一日一万人の人が働いたとして四十六日かかる工事量という計算になる。三成は近郷から十万の人間を集めてこの工事をさせたとされているが、それに払う費用を軍記物の記載通り、昼六十文と米一升、夜百文と米一升とすると、米価換算で約百三十～二百億円となる。当時の三成所領を五万石とすると、その年間収入の七倍を超す金額である。

秀吉による政治的パフォーマンスか

水攻めというのは、このように多額のコストと労力を必要とするものである。そして後に残るのは泥濘《ぬかるみ》と化した広大な荒地。戦後処理にも莫大な労力がかかる。三成が実施を躊躇したのは当然であり、当時一介の小領主に過ぎない三成に決断できる戦略ではなかった。当時、それを決断し実行しうるのは、秀吉ただ一人である。

秀吉はなぜ忍城を水攻めにすることにこだわったのか。かねてから私はそれを秀吉の

政治的効果を狙った演出、一種のパーフォーマンスではないかと考えている。新参諸将、新たな占領地となる関東の人々に秀吉の力を見せつける機会、それが水攻めであった。地形をも変えうる力をもつ秀吉の姿を、坂東平野の人々の目に焼き付けることのみが目的だったのではないだろうか。

別働隊の将である浅野長吉は、当初は上総《かずさ》下総《しもうさ》（千葉県北中部、茨城県南部）にある低湿地帯の、戦略的には無価値な城を盛んに攻略している。うがった見方をすれば、これは秀吉の内意を受け、水攻めに適した「見せしめのための城」を探していたのかもしれない。最後に忍城という、水攻めには不向きな城を選んだ後に、三成に引き継いだのだろ

▲石田堤史跡公園（埼玉県行田市）

うか。そうであれば長吉や秀吉が、城方の一部を投降させて保護するという、一種馴れ合いのような対応をしているのも説明がつく。

無理を重ねた要求を上司から突き付けられた三成。冒頭の書状は、それに対する反論であったろう。だが秀吉の再度の要求に三成が逆らった様子はない。

その理由は秀吉の信頼に応えたいという思いとともに、三成が秀吉の狙った政治的目的を理解したからだろうか。

だが忍城攻めでの秀吉との葛藤は、ほんの一歩に過ぎなかった。三成はこの後、さらに秀吉との考えの違いに苦悩することになる。

水攻めをともに行った諸将のその後

最後に三成とともに忍城攻めを行った諸将のその後を見てみたい。

大谷吉継………以後も三成と行動を共にし、関ヶ原戦で西軍に参加し討死

真田昌幸………関ヶ原で西軍に参加し、信州で孤塁を守る。戦後、配流

多賀谷重経……関ヶ原で西軍に参加。上杉と共に戦い、戦後改易

佐竹義宣………「治部亡くしては生きる甲斐がない」と言ったと伝えられるほどの三成贔屓《びいき》となり、伏見事件などで三成を助ける。関ヶ原では西軍よりの中立にたち、戦後転封

このように忍城で三成と一緒に水攻めを行った多くの武将は、その後、関ヶ原に至るまで三成と行動を共にしている。忍城攻めが三成の戦下手を示したものであったのなら、彼らはそのような行動をとっただろうか。水攻めの現場にいた彼らの行動こそが、水攻めの実相を語っているに違いない。

第四章　【苦悩】

朝鮮の役後を予見した連署状

当国の状況を連判をもって注進申し上げます。しかるべく（秀吉に）ご披露ください

一、大明国へ年内乱入するよう指示を受けたこと、先手へ申し遣わしましたが、小西行長《こにしゆきなが》が都（漢城《ハンソン》）へまかり越して言うところでは、先々は兵糧《ひょうろう》もなく、そのうえ寒天に向かい、途中の道筋も無人になり返すこともできなくなるとのことです。各々で相談し、まず国郡《こくぐん》へ入り政務を行うよう申し付けました。（指示に従わず）お詫びします。

一、いままで注進されていたのと違い、（朝鮮）国内は静謐《せいひつ》ではありません。恐れながら年内に遼東《リャオトン》を越え、大明国へ乱入しようとしても先手に立つ者もいません。釜山《プサン》より遼東までのつなぎの城に入れる人数もなく、二百人や三百人ずつ入れたくらいでは籠城《ろうじょう》もできないでしょう。私はありのままを申し上げています。（略）

一、敵兵を五百人千人も殺すあいだ、こちらの者も五十人百人と果ててしまい、また手負いの者も出ます。このままでは、勝ち続けるうちに日本人は無人になってしまうでしょう。年内はまず国郡を治め、今年はなんとしても丈夫にと申し付けました。（略）

一、大明国へ年内乱入事、」先手へ申遣跡々の衆」可押詰之由令相詰候之」處ニ、小西都へ罷越、さき〱」兵粮已下も無之、其上越」寒天如何之由申候、又跡々」路次無人にて、返路不執候」付而、先被仰付国郡へ入渡り」所務申付可申返、各」致相談、得御諚候事、

一、此已前其方にて御注進承候と」令相違、何も国郡静謐不」仕候、乍恐年内にも遼東相越大明国へ乱入候共先之手ニ」立者も在間敷候へハ、朝鮮」国事ハ釜山海より遼東迄」の間、つなぎ〱に置可申人」数無之に、二百三百置申分」にてハ中々籠城にても」有之事も成ましき体ニ候、」拙者ハ御注進状を有やうの」通申上候事、（略）

一、小西・小野木先手より罷越」候て申候ハ、唐人為加勢加之」相越朝鮮人数加、小西・小」野木陣所へ三万斗にて」取懸候之間、及一戦追崩、」千斗討捕候由候、小野木」弟又六なとも討死仕候、」何之□何之国［　　］四人」成敗仕候も、追崩数多討」とり候へハ、敵五百も千もころし」候へハ、此方の者も五十・百ツ、相」果候、又手負以下も候へハ、」勝申候内ニ日本人ハ無人ニ罷成候間、年内之儀如此」先国郡治、今年ハ如何候条」丈夫ニ申付候事、（略）恐々謹言

▲日本での前線基地となった名護屋城の山里口（佐賀県唐津市）

長束大蔵殿　増田右衛門尉
木下半介殿　大谷刑部少輔
石田木工殿　御陣所　石田治部少輔

文禄元年（一五九二）月日未詳　長束正家ら秀吉近臣宛　三成ら三奉行連署状　名護屋城博物館蔵

主戦派との激しい議論の末に

秀吉幕下《ばくか》にて順調に昇進を重ねていた三成。ただしその地位と権限が増えるほど、その責任の重さも増えていく。三十二歳になった三成は、かつてない困難と尊敬する秀吉との考えの違いに苦しむこととなった。

今まで紹介してきた、賤《しず》ヶ岳《たけ》の戦いと忍《おし》城攻めは、三成が秀吉の下で、その指示のもとに戦ったものであった。だがその後、三成は、秀吉の下を遠く離れ、異国の地での戦いを指揮することになった。いわゆる文禄《ぶんろく》の役《えき》、秀吉の朝鮮出兵において、その在陣奉行として出陣することになったのである。

▲熊川城址

だが朝鮮の前線と日本にいる秀吉との認識の差は、忍と小田《おだ》原《わら》の比ではなかった。日本との書状の往還もままならない異国の地、本営の無理解と現地軍に襲い掛かる飢餓の中で、三成は辛《つら》い決断を強いられることになる。そのことが非常によく現れるのは、文禄の役の前半、日本側が平壌《ピョンヤン》で敗れてから「碧蹄館《へきていかん》の戦い」で勝利するまでの期間である。

文禄の役の緒戦はよく知られているとおり、日本側の連戦連勝で幕を開けた。小西行長は平壌を陥れ、加藤清正は明・朝鮮国境付近まで押し寄せていた。後に日本側を苦しめる兵糧《ひょうろう》不足も緒戦にはなく、朝鮮側の食料蔵を奪いながら有利に戦いを進めていた。当時の出陣武将の中には「これほど兵糧に困らない戦は初めてだ」と書き送っている者がいるほどである。秀吉が夢見た「唐入《からい》り」実現は目前かと思われる状況であった。三成が朝鮮の地を訪れたのは、そんな中の文禄元年（一五九二）夏である。

▲安骨浦城址

釜山に上陸し、陸路漢城《ハンソン》（現ソウル）に入った三成は奉行として主将・宇喜多秀家《うきたひでいえ》らと共に在陣諸将を一堂に集め軍議を開く。この軍議は一般に「漢城会議《かんじょう》」と呼ばれているものである。漢城会議の様子は『黒田家譜』『フロイス日本史』などの史料に記載されているが、それらによると会議では緒戦の勝利に奢《おご》り、さらに侵攻を進めようという主戦派と慎重論を唱える三成らに激しい議論があったことが窺える。

三成は既に釜山《プサン》から漢城に至るまでの間に、荒廃した村落の様子を見て、今後日本側を襲う兵粮不足を予見していたという。会議では激論の末、三成ら慎重派の意見が主流を占め、さらなる侵攻は見合わせることになる。ただし戦線の整理は不十分であり、日本側の前線は延びきったままであった。

戦線を下げ漢城で迎え討つことを主張

実はこの漢城会議の直後に、三成が記した書状(三奉行連署状)が残っている。冒頭の書状はその一部であり、それは驚くべき内容である。

書状の中でまず三成は、秀吉の望む明への討ち入り(唐入り)実行は不可能であり、年内は朝鮮国内を鎮めることが必要だと判断したことを記し、さらに現状では兵糧の維持が難しく、このまま戦いを続ければ補給の続かない日本側は全滅するだろう(日本人は無人に罷《まか》りなり候)、と述べているのである。

これはまさに、文禄の役のその後の行く末を、正しく予見したものであった。しかし唐入りを命じる秀吉の指示と真っ向から対立する書状を、三成がどのような覚悟を持って書いたかは想像に難くない。

そして年が明けた文禄二年一月、三成の不幸な予見は的中し、平壌の小西軍を李如《りじょ》松《しょう》率いる明の大軍が襲う。小西行長は堪えきれずに敗走、日本側の前線は総崩れになる。

この時、嵩にかかって攻め来る明軍をどう迎え討つかについて、小早川隆景ら歴戦の諸将と三成ら奉行衆が対立した。

小早川隆景《こばやかわたかかげ》が主張したのは、自らが守備する開城《ケソン》で明軍を迎え撃つことであった。開城は大河・臨津江《イムジンカン》北岸の要衝である。日本側からみると朝鮮北部へ進出する上での橋《きょう》頭堡《とうほ》となる地であり、秀吉からも死守を命じられていた拠点である。隆景がこの地で明軍を迎えたいと言ったのも無理はない。

しかし三成は大河を背にした開城では、補給を絶たれれば味方の不利は免れないとして、さらに戦線を下げ、漢城で自軍を結集して明軍を迎え討つことを主張する。この後の戦いの推移をみると、三成の考えが正しかったことは明らかだ。だが隆景は猛反対する。

▲碧蹄館古戦場碑

「奉行衆は臆病風に吹かれたのか」「兵糧が無くて戦えないというなら砂を食うまでだ」と容赦ない罵《ば》声《せい》が三成に浴びせられた。

いつの時代も主戦論は勇ましい。また占領地を無血で明け渡すことに軍人が反発するのも古今東西を問わない。隆景・三成の対立は激化するが、大谷吉《おおたによし》継《つぐ》・前野長泰《まえのながやす》らが両者を仲介し、ようやく隆景は撤兵に同意する。

漢城に結集した日本側は、漢城北方の碧蹄《ペクチュ》で明軍を迎え撃ち、これを撃退する。日本側の強さに恐慌を起こした明の李如松は敗走した。史上名高い「碧蹄館の戦い」の勝利である。

この碧蹄館の勝利を直接もたらしたのは、戦場で巧緻な戦術を見せた隆景や立花宗茂《たちばなむねしげ》らの活躍である。しかしその裏には、三成の高い戦略眼があったことは間違いない。

臆病者と誹られた三成の正義とは

碧蹄館の戦後に、三成らしいエピソードが残っている。戦いの勝利にも関わらず、開城の撤兵を譴責する秀吉の使者・浅野長吉《あさのながよし》が漢城にやってきた。責任を問われることを恐れ、俯き黙り込む諸将の中で、三成一人が立ち上がり、開城撤兵の理由を滔々と述べたというのである。三成は撤兵の責任は一人で被る覚悟であったのだろう。

またその後も隆景は、奉行衆を臆病と貶《けな》し、碧蹄館の勝利を自己の功績として喧伝《けんでん》することを止めなかった。それに対し三成が反論した形跡はない。

文禄の役のその後にも簡単に触れておこう。よく知られているように、朝鮮民衆（義兵）によるゲリラ戦、朝鮮水軍・李舜臣《イスンシン》らの攻勢により日本側は補給路を絶たれ、各軍は飢餓に見舞われる。碧蹄館の勝利から三ヶ月後には日本側は漢城を維持することも出来なくなりその地を撤退、朝鮮南岸へと退いて行く。その中で三成は明との講和を進め、この戦いの早期終結を図ろうとする。

卑怯者、臆病者と謗《そし》られた三成の、それが正義であった。三成は文禄の役で戦いの悲惨さ、秀吉の下を離れて諸将を統括することの難しさを強く学んだに違いない。

そして秀吉の指示に初めて正面から逆らった三成の行いは、その後の人生にも少なからず影響を与えていくことになる。

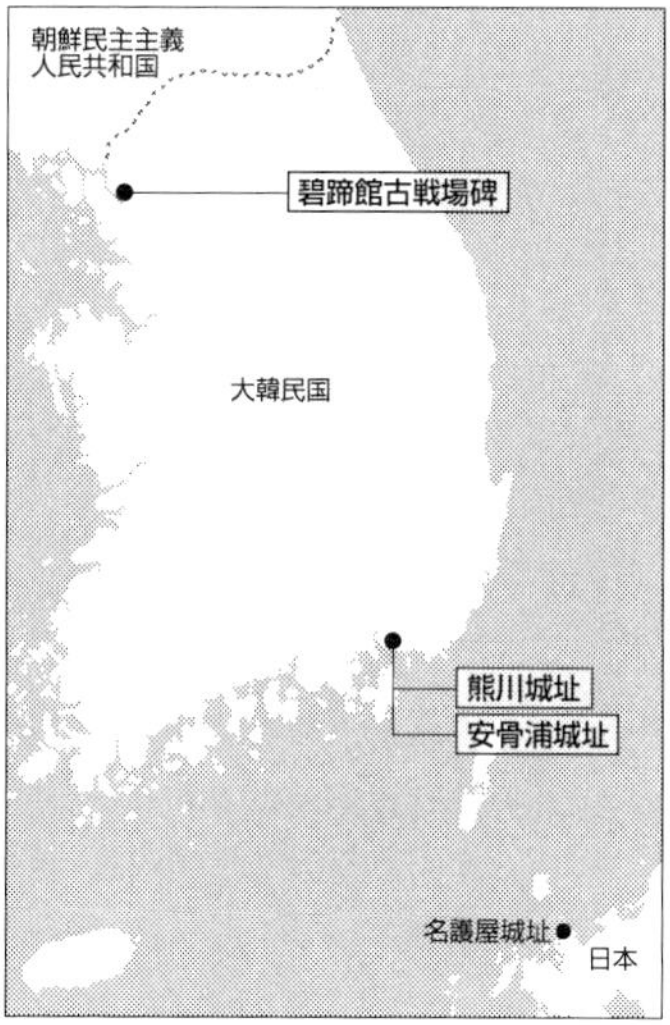

第五章【理想】

加増辞退、佐和山に留まる旨

（秀吉殿は）我等には筑前筑後（福岡県南西部）をくだされ、九州の物主《ものぬし》にしてくださるとの内意でした。しかしそのようなことをしては、（京近くの要衝である）佐和山に置ける人もなく、身近にて用事を申し付けられる人も少なくなるので、我らはこのまま（佐和山にとどまること）になります。近江のその方の知行《ちぎょう》や蔵入《くらいり》（代官領）などが増えないことになれば、後悔もありますが、よくよく申し付けます。筑前筑後は蔵入になります。また金《きん》吾《ご》殿（小早川秀秋《こばやかわひであき》）は越前へ替わり、我らにその地の代官を命じられました。近々筑前へ行きますので、その心得でいてください。このことを父と妻にも伝えてください。

態申遣候、仍我等」事内々ハちくこ」ちくせん被下、九州」物主ニ被遣候ハんと」の事ニ候つれ共、」さ候へハ、又さわ山」にをかせられ候ハん人も」なく、こゝもとニて」御用御申つけ候」人もすくなく候間、」我等ニハこのまゝ」の分ニてあり候へと」御意ニ候間、」江州其方知行并」くら入なと少成共」あらし候ハ、くやみ申」候間、よく〳〵申つけ」可申候、次ニちくこ」ちくせんハ御くら入ニ」なされ候ニより、その」むね百姓ニも」

申きけ候、又いま」きんことの越州へ」御こしかわりめ候間、」すなわち我等ニ」御たいくわん御申」つけ候間、まいり候て」、ミまわり候つる」御事ニ候間、五三日」之ニ内おりかへりニ」ちくせんへ下可申候間、」其地へ一両日中ニ」下、それより下候ハん間、」内々その心へ候へく候て、」此由内義、おきとのへ」も可申候也、」

廿二日（三成花押）

慶長三年（一五九八）五月　家臣・大音新介宛書状　宇津木文書　大阪城天守閣蔵

物欲旺盛な時代での働く理由

組織で個人が働く理由は、人それぞれだろう。収入を得ること、自分の暮らしをより良くすることは、多くの人に共通した理由の一つといえるだろう。

物欲旺盛な戦国時代においては、その理由はもっとはっきりしていた。主君は家臣に知行地や俸禄《ほうろく》を与え、その代わりに奉公する。主君への忠誠心はもちろん重要であったが、一方で侍は渡りものとされ、より将来性のある主君へ鞍替えするケースは多かった。三成と同じ近江の武将・藤堂高虎《とうどうたかとら》は、七度主君を変えたことで有名である。

もちろんこれは単なる物欲だけではない。弱い主君についてしまうと、財産だけでな

▲佐和山城下町跡（滋賀県彦根市）

く生命まで失ってしまうのであるから、その選択は切実である。一方で、出世していく主君の家来になったものは、成長産業に就職したようなもので、待遇はどんどん上がっていく。もちろん競争は激しいのだが。

三成に付き従った家臣たちも、同じような望みを三成に抱いていただろう。主君・三成の出世とともに、自分たちの地位も上がっていくと。

そんな家臣に対し、三成は加増を断った事情を打ち明けているのが冒頭の書状である。

この時、三成は三十九歳になっていた。江州・佐和山二十万石の主であり、所領の規模だけなら中堅程度で、決して大大名とはいえないが、秀吉の側近いわゆる五奉行として辣腕《らつわん》を奮っていた頃である。

七年目を迎えていた朝鮮出兵

三成はなぜこのような書状を、わざわざ家臣向けに出したのだろう。そのことを考えるために、当時の三成を取り巻く状況を振り返っておきたい。

このころ対外的には朝鮮との戦いが継続していた。

三成が三十二歳の年から始まったこの戦いは、もう七年目を迎えていた。先の見えない戦《いくさ》の中で、国内の厭戦《えんせん》気分も高まっていたと思われる。文禄《ぶんろく》の役《えき》では講和交渉には主導的役割を果たしていた三成だったが、結局のところ、その講和は主君・秀吉の容《い》れるところとならず、この三年前に再度の朝鮮出兵・慶長の役が始まった。慶長の役に関しては、三成の外交面での大きな活動事績は見当たらない。文禄の役での講和失敗の責任を負い、対外交渉の主役の座を降ろされたとも考えられる。一方でこの間にも三成は内政面では多くの業績を上げていた。

この年には蒲生《がもう》秀行《ひでゆき》旧領検収のため会津（福島県西部）に赴き、また領内には掟書《おきてがき》を布令していた。主に国内の治政維持の仕事である。

小早川秀秋の転封

筑前の小早川秀秋転封《てんぽう》事件も、その中で起きた問題の一つといえる。

秀秋転封事件は、一般に伝わるところでは、朝鮮における蔚山《ウルサン》の戦いで、小早川秀秋が大将にあるまじき振舞いをしたのを秀吉に咎《とが》められ、領地没収の憂き目にあったことになっている。加藤清正の蔚山城の救援に赴いた秀秋は、追撃戦の中で本営を離れ、一兵卒のような槍働きをしたのを責められたというのである。この際、蔚山の勝利に喜んでいた秀吉に対し、三成が「金吾（秀秋）様に大領を持たすのは、秀頼様のお為になりませぬ」と囁《ささや》いたという、まことしやかな逸話の類もある。

ただ実際には秀秋が槍働きをしたという蔚山の戦いは慶長三年（一五九八）一月四日に起こっており、秀秋転封の話が起こったのはそれより前の慶長二年十二月三日であるから日付が合わない。この辺りは全くの俗説であろう。半年前、秀秋養父・隆景《たかかげ》が没した後の小早川家筑前筑後領の処遇が、この時期ようやくまとまったというのが自然な見方ではないだろうか。ちなみに隆景遺領のうち三原領（広島県三原市）の処置が決まるのは、この更に半年も後のことである。

小早川領筑前は要港・博多を有し、朝鮮の役推進の上でも重要な場所である。英傑・隆景の死後、この地を年若い秀秋に任すことに秀吉が不安を覚えたとしても無理はない。

博多は三成にとっても縁の深い土地である。三成は博多復興を指導し、天正十五年（一五八七）二十八歳の時からその地の奉行であった。島井宗室《しまいそうしつ》、神谷宗湛《かみやそうたん》ら博多の豪商にも三成懇意の人物が多い。この土地の領主になりたいと三成が願っても不思議はないし、秀吉の内意も三成の筑前転封であった。

小早川家筑前筑後領は三十万石以上ある。三成がもし佐和山から筑前に移れば、周辺の所領も合わせ、おそらく五十万石は下らない領主になったと思われる。旧領の二倍以上の石高になり、家臣の所領も大幅に増えることになっただろう。

それにも関わらず、三成はその誘いを断り、佐和山に残る道を選んだ。

その理由は三成自身が冒頭の書状で語っているところでは、遠隔の地に行けば秀吉の用を果たすことが困難になるから、ということである。確かに五奉行の諸将の所領は全て京のそばにあり、地方の領主はいない。

また三成にとって筑前・博多は馴染みのある土地とはいえ、故郷・近江から離れることには抵抗はあったろう。三成と同じ近江出身の名将・蒲生氏郷《うじさと》が会津転封の知らせを受けて、都から離れることに涙したという逸話が伝わっているが、特に湖国の出身者にとって故郷は格別なものであったのかもしれない。

さらにこれは考え過ぎかもしれないが、この話が文禄の役直後に起きていることも、注目すべきかもしれない。文禄の役で三成は秀吉の命に応えなかった。そのことの自責の念が加増辞退に関係していないだろうか。

重要な知らせを身内よりも先に家臣に

だが、この書状で注目すべき点は他にある。

三成はこの知らせを、自らの家族よりも先に家臣の大音《おおと》新介《しんすけ》に知らせ、家族には家臣から伝えさせている、ということである。

書状の宛名となっている、この大音新介は、石田家中にあって特に三成に重用《ちょうよう》されていた家臣である。島津領検地などの際に、三成に代わって現地に赴き、滞りなく終わらせた。三成家臣というと、嶋左近《しまさこん》、蒲生喜内《きない》らの武将が有名であるが、大音新介は文官としては出色《でいろ》の人物であろう。

重要な知らせを身内よりも、まず重要な家臣に伝える。ここにも三成の一つの姿勢が読み取れる。

それは「私」より「公」を重んじたことである。

そして、このような事情を家臣に打ち明けなければならなかった三成の苦衷《くちゅう》もある。自己の所領拡大よりも、国造りに関わることを重んじたい、という思い。単に所領拡大だけを求める多くの家臣には理解されない思いであったろう。

三成を悪く言う人は、それを三成の権力への執着ゆえ、というかもしれないが、書状の「くやみ申し」という文言から伝わってくるのは、家臣の所領より自己の理想を優先させたことを謝る素直な気持ちである。

三成自身にも近江の小大名にとどまるか、鎮西《ちんぜい》の大領主の道を歩むかには、悩んだのではないだろうか。

くどいほどに経緯を説明した三成の書状には、何とか家中の理解を得たいとの思いが込められているとともに、自分自身の考えを整理したいという気持ちもあったかもしれない。

大音新介にあてた、三成の書状は、見ようによっては何か言い訳がましい。説明調の文章が多いのは三成書状の特徴の一つだが、なぜ家臣にまで、ここまで気を遣うのか、という気もする。

ただそこには自身の理想と現実のはざまで惑う三成の思いが窺える。

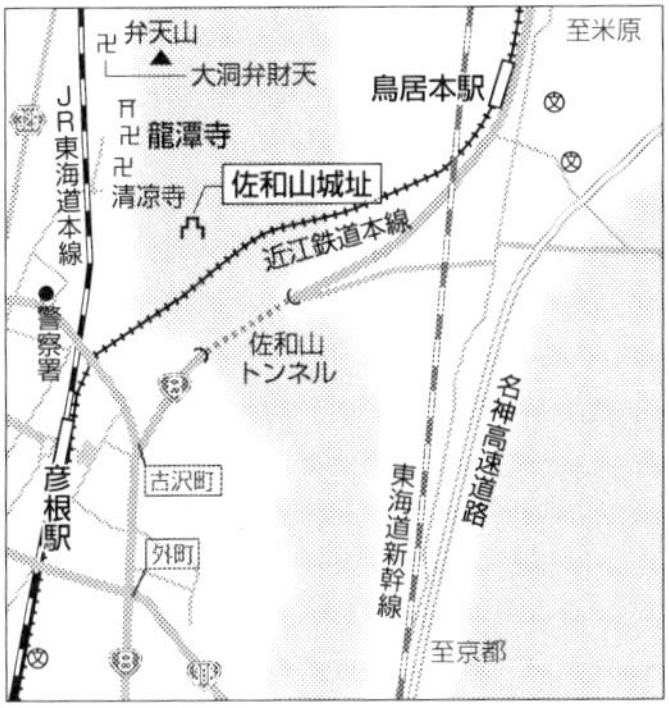

第六章　【治世】

公正さを求めて——領民宛掟書

一、詰め夫（一定期間詰めて働く人夫）は（村高）千石につき、一人出すように定める。もしこの（規定）外に（人夫を多く）使うことがあれば、この（三成自身の）印にて、申し遣わすので、十二月二十日にこの村の印判の書類を集めてもってくるように。（引き換えに）飯米を遣わす

一、代官やその下役人（下弁）が、村人を雑務（地下ありき）に雇うことは、その在所と隣（のみに限定）とする。それでも農作業（作）に差し障るようなことは禁じる

一、田畑の作識（耕作権）は、この先の検地の時に検地帳に書いた者が耕作し、人に（耕作権を）とられることも、また以前は耕作していたとして人のものを取ることも禁止する

一、何事によらず、百姓が迷惑する仕儀があれば、奏者なしに目安をもって直接訴訟するように。ただし筋なき事を言ってきた場合は、究明の上、きつく処置するので、下にてよく

▲佐和山城址（滋賀県彦根市）

詮索してから申しのべるように

（略）

一、もし百姓と代官と、年貢控除率（免の儀）見込みの違い（ねんちがい）の田あれば、その村の上中下三段階に分けて升つきをし、控除率を定めるように。それでもなお、違いがあれば、稲を刈り三つに積み分けて籤ひきにし、二つを代官がとり、一つを百姓がとるように

伊香郡之内東柳野村掟条々

一、千石につめ夫壱人あひさたむる也」此外つかふ事あらは、此印判にて、いく」たりいたし候へと申つかわすへく候、」然者奉行人を申付おくへき間、」十二月廿日ニ当村之年中の印判の」書物あつめあけ可申候、すなはちはん」米をつかハすへき事」

㊞（三成黒印）

一、地下ありきにいたつてハ、代官下代やとい」申事あらは、そのさゐ所里となりなと」へハ、やとハれ可申候、それも作にさし」あひ入ざる儀ニめしつかゐ候ハヽ、いたし」申ましく候事」

一、田畠さくしきの儀ハ、此さき御けん」ちの時、けんち帳にかきのり候ものヽ」さはきにつかまつり、人にとられ候事も」又むかし我がさくしきとて人のをとり申事もちやうしの事」

（略）

一、何事によらす百性めいわく仕儀あらは、」そうしやなしに、めやすをもつて、にわ」そせう可仕候、如此申とて、すちなき」事申あけ候ハヽ、きうめいのうへ、けつく」其身くせ事たるへく候あひた、下にて」よくせんさく候て可申上候事」

（略）

一、めんの儀にいたつてハ、秋はしめ田を」からざるまへに、田がしらにて見をよひ、」めんの儀あひさたむへし、もし百性」と代官と、ねんちかひの田あらは、その」村の上中下三だん二升つきをせしめ、」免之儀さたむへし、なをねんちがいあ」らはいねをかり、三ツにつミわけ、くし」とりにいたし、二ふん代官へとり、一ふん」百性さくとくにとるへく候、如此さたむる」上ハ、代官にミせすかり取田ハ、めんの儀」つかわし申ましき事」

右十三ヶ条如件

文禄五年

三月朔日　　治部少（花押）

文禄五年（一五九六）三月一日　佐和山領内に出した十三ヶ条の掟書　個人蔵

三成による政治の特徴とは

政治家としての三成の治政の特徴の一つは、原理原則を貫く、筋を通すということである。その姿勢は全国規模の政治でも、自己の所領の治政でも表れている。

ここでは三成の領内治政の姿勢をみたい。三成が故郷・佐和山の領主になった時期には、諸説あるが、最近の研究では佐和山入城は天正十九年（一五九一）四月頃、ただしその周辺の北近江四郡含めた領主となったのは文禄四年（一五九五）頃とされる。三成は三十六歳になっていた。

原理原則を貫くと言うことは、公平性を保つということでもある。時と場合によって変わることなく、いつも同じ判断基準を目指すことになる。細部まで自分自身の目の届かない領内経営や検地の中で、それを実現する為に三成が行った手段は、他に類を見ない三成独自の「掟書」による規定であった。三成は領内統治にあたって非常に細かな基準（マニュアル）作りを実施しているのである。

三成の規定として有名なものに、領内に出された十三ヶ条と九ヶ条の掟書があり、これは領内各村に多数現存している。前者の十三ヶ条の規定は三成直轄の村々（蔵入地）に、後者の九ヶ条は家臣領の村々（給人地）に出されたものであるが、内容はほぼ同一である。そして共通しているのは、それが非常に長文で、細かく行き届いた規定となっていることだ。同時代の領主でこれほど細かく厳密な規定を行った者はいない。民政に通じた三成であればこその掟書と言えるが、その思想の一つは公平性確保であった。

例えば三成が出した掟書きの最後には、年貢の控除率の定め方について記しているが、それによれば、控除率は代官と百姓側の協議により行い、双方でどうしても折り合いがつかない場合は、籤引《くじび》きによるとしている。

人夫の懲役、村への労働奉仕要請は、領主の権限の一部であるが、三成はそれが村々に過剰な負荷とならないよう、特に代官の権限を制限している。家臣領向けの掟では規定以上の人夫を徴用した場合は家臣も応じた側も罪に問うとの条文もある。

さらに掟書の内容に対する三成への直訴も認めている。領主への直訴は江戸時代には認められず死罪となる行為であったが、三成は敢えてこれを掟書に含めている。全体に非常に綿密で公平性を意識した規定である。

なぜ三成はこのような細かな規定を行ったのであろうか。

同時代では類を見ない細かな基準

いくらトップが基準原則を作ろうと、それを運用する現場での裁量で曲げられては何もならない。代官のさじ加減次第で年貢率が替わるのでは、不公平感が伴い、また汚職の土壌となる。三成は現地執行者の裁量で判断がぶれないように、細かな規定を定めたのであろう。

同じ方針は、三成が主導した太閤検地にも見られる。検地尺による全国統一の基準を設けたのは象徴的な事例であるが、それ以外にも例えば三成が文禄三年に島津領検地で示した基準は、十一ヶ条になっており、掟書と同様、その細かさは同時代でも類を見ないものである。これは三成自身の民政への理解の深さによるのは勿論だが、三成のポリシーの表われであったといえる。

細かな厳しい基準を作ることは、領民に取ってみれば良いことばかりではないだろう。掟書を読んでも、三成は決して甘いだけの領主ではないことが分かる。ただ一方で三成の原理原則を貫く姿勢が、領民に信頼感を与えたことも間違いない。

三成が出した書状の多くは、江戸期に廃棄されたり、宛名を切りとられたりして、現存するものが少ない。これは三成との関係を咎められることを恐れた人たちによる仕業だが、一方で三成が領地に発行した掟書は多くの村落で現代までそのままの状態で保管されている。それは三成の掟書が、民政の手本、ある種の理想と思われたからではないだろうか。

三成は領民に信頼される政治家だったのだろう。

第七章【趣味】

鷹狩マニアとして──中納言宛

内々差し上げる心づもりで、昨日ご覧に入れましたトヤ鷹（オオタカの成鳥）ですが、ご覧のところではあいにく獲物をとることができず残念でした。それで今日は天気は悪かったのですが、私の鷹師をやって、あのトヤ鷹にこの雁を一つとらせましたので、雁を添えて進上します。以前内々申しましたように私の秘蔵の鷹です。その手際は、今度の道中同行した城州（山城守）がよく見知っておりますので、お確かめください。

また昨日、貴方自身の拳より飛ばせて獲物をとらせた若鷹は、これまでに私が雁を二羽、私の鷹師は七羽獲らせました。この鷹はたしかに、この秋には鶴をとると思いますので、大崎方へ預けておきましたから、まずこの夏の季節は青鷺をとらせてお遊びなさいますよう。この秋に鶴をとり（満足なさったら）私にお返しください。いったん渡したものをまた返せ、というのは（我ながら）おかしなことですが。恐惶謹言

内々進上申すべく候て、昨、御目に懸け候塒鷹、昨、御覧候所にて取飼い申さず候、遺恨。今日降り候へとも、鷹師遣わし、この雁一つ取飼い申候間、かの鷹据えさせ進じ候、

内々申すごとく、我ら秘蔵に候、他所よりは、青鷺取りの由申候て到来候へども、雁にばかり心を入れ、我等所にては、青は捉らせ申さず候、当春、我等所にて雁は菱喰加えて二十ばかり取り申し候、かの手際は、今度道中、城州見申され候間、御尋ねあるべく候、肉当以下、この鷹師存じ候間、御鷹師に問せおかるべく候、自然、大崎方へ預けさせらるゝ事も候はんかと、只今、大崎方呼び寄せ申候て、物語申しおき候、当春はもはや雁もあるべからず候へども、来秋、鳥屋出しの御慰みには、少々の若ものよりはよく候はんと存じ候、又、昨、御拳にて御羽合せ候若鷹は、我等拳にて雁二つ捉らせ申し候、鷹師七つ捉らせ申候、大崎方にて青鷺二つ取り申し候、この鷹はたしかに来秋鶴取り申すべしと存じ、大崎方に残し申し候、夏中青鷺御遣い候て、御遊び候べく候、鶴取り候ハヾ御返しあるべく候、おかしく候、恐惶謹言、

廿六日

三成（花押）

年代未詳　某中納言宛書状　下条文書　河野信一記念館蔵

鷹狩はアウトドア派の趣味

戦乱や政務に明け暮れていた三成にも趣味に憩う時間はあった。

戦国・織豊期は言うまでもなく新たな文化が切り開かれた時代である。インドア派にとっては茶の湯、アウトドア派にとっては鷹狩といったところが、この当時新文化の代表格であろう。

インドア派に見られがちな三成であるが、意外なことにその趣味は鷹狩である。

鷹狩自身は古くからある狩猟法であるが、信長・秀吉・家康らがこの時期にその風習をあらため、華美で大規模なものに変えていった。

鷹狩を自由に楽しむためには、当時は秀吉から特別な許しが必要で、それは名誉なことであった。三成自身も当然その許しを得ていたことになる。

茶の湯を嗜《たしな》む人々にとって茶道具が大切なのと同じく、鷹狩を行うものにとっては立派な鷹を手に入れることが重要なことであった。三成の書状の中には狩りに使う鷹のことを記されたものが何通か存在するが、これもその一通である。

プライベートな書状であるので、素直に自分の気持ちが記されているわけだが、それにしても素直すぎないか、という感想をもつくらい、くだけた書状である。先にも述べたように説明が細かいのは三成書状の特徴の一つであるが、それでも少しくどいな、という思いもある。

通説言われるような秀吉の権勢をもって高圧的に人に臨むような権柄づくな三成の姿は、そこからは微塵も感じることはできない。おそらくこのあたりに三成の本当の人柄がにじみ出ているのではないだろうか。

鷹マニアとしてのこだわり

書状の内容自体は、三成が秘蔵の鷹を進上、または貸し渡すことについて記載したものである。

進上する鷹の素晴らしさを事細かに書き、貸し渡す方については、その扱い方を書いている。三成にはこの他にも、遠征先へ持参する鷹の世話について細々と指示した書状もある。政務で見せる細かさと几帳面さは、趣味の世界でも共通しており、この辺は三成の性格の大きな特徴といえるだろう。ともかく自分の考えを細かく書き、相手の理解を求めようとしているのである。

貸し渡す方の鷹に対しては、

鶴をとり（満足なさったら）私にお返しください。

とわざわざ念を押している。マニアらしい執着ぶりであるが、さらにその上で、

いったん渡したものをまた返せ、というのは（我ながら）おかしなことですが。

と書き、自分自身で「おかしなことですが」というあたりに三成の性格の素直さが窺える。

さてこの書状であるが、あて先は「中納言」とあるだけで、誰かは分からない。この中納言は誰だろうか。

文禄慶長年間の中納言は以下の人物がいる。

徳川秀忠、前田利家／利長、宇喜多秀家、上杉景勝、織田秀信、毛利輝元らである。

三成と近い中納言としても、会津中納言・上杉景勝、岐阜中納言・織田秀信ら多数いる。もし宛先が上杉景勝であるとすると、文中に見える「城州」は、直江兼続《かねつぐ》（山城守）ということになるだろうが、三成が景勝に対してこのようなくだけた書状を書くというのも考えにくい。

私見だが、この書状は織田秀信宛てではないかな、という思いがある。織田秀信は、英傑・織田信長の嫡孫である。本能寺の変の混乱の中を前田玄以の手で助け出され、その後、秀吉によって織田家の後継者とされ、その天下取りにも利用されたことは良く知られている。この当時は祖父ゆかりの岐阜城主となり、岐阜中納言と呼ばれていた。秀信の祖父・信

▲岐阜城天守閣

長は無類の鷹狩好きであるし、本書第八章で書いているように三成は秀信の湯治の世話をしているくらいだから、個人的な付き合いも深かったろう。その場合、「城州」は織田家とも関係の深い山中長俊あたりと推測される。山中長俊であれば、鷹狩にも通じていたろう。

もし秀信と三成がこのような素直なことを言い合える仲だったら、後の関ヶ原で秀信が三成について挙兵した理由についても新たな視点が生まれるのではないだろうか。

この書状から、政務一辺倒ではない三成の過ごし方が分かる一方で、「公私」に寄らない三成の生真面目な性格も窺える。

織田秀信という人物

織田秀信《おだひでのぶ》は、織田信長の嫡孫《ちゃくそん》である。幼名「三法師」の方が一般には知られているかも知れない。

祖父・織田信長、父・信忠が、本能寺の変で斃《たお》れた際、秀信（三法師）は僅《わず》か三歳であった。この時、三法師は前田玄以《まえだげんい》の背に担がれて、動乱の京を脱出したという話が伝わっているが、当時は岐阜にいたとの説もある。

信長亡き後の織田家の後継者を定める清洲《きよす》会議で、信長の三男・信孝を後継者に推す柴田勝家に対し、秀吉が「筋目から言えば三法師君が織田家を継ぐべき」とこの秀信の家督相続を主張して押し切ったのは有名な話である。

秀吉によって三歳にして織田家を継ぎ、安土城と近江坂田郡三万石を領有することになった秀信だが、その後も政争の中に巻き込まれ続けることになる。

秀吉と織田信孝・柴田勝家が争った際は、信孝の手によってずっと岐阜城に留め置かれることとなった。信孝・勝家の敗死によって安土に戻り、叔父・織田信雄《おだのぶかつ》の後見を受けることになるが、その信雄も織田家復権を狙って秀吉と争い敗れる。信雄が秀吉の軍門に降《くだ》った後は、秀信も安土を追われて丹羽長秀《にわながひで》の坂本城に移り、その後は秀吉配下の一領主として扱われることとなった。

天正十六年（一五八八）九歳の時には秀吉の計らいで祖父ゆかりの岐阜城に戻り、秀信と名乗りを改め、その後はこの地の城主として過ごすこととなる。

一般に秀信は華美に走った凡庸《ぼんよう》な人物とされている。たとえば司馬遼太郎氏の小説『関ヶ原』での描写を抜粋するとこのような感じになる。

　秀信は生まれついての大名で、ただ華美な生活をのみ好んだ。

　この点、祖父の信長の血は全く享けていない。うけているのは、織田家の特徴とされるその秀麗な容貌だけである。

　武事はきらいで、遊芸を好んだ。

　この岐阜中納言秀信にも、上杉征伐についての動員令はきている。が、平素、武備を怠っている。このため命ぜられた期日に出陣できず、なおも岐阜城でぐずぐずしている。

そのやさき。

このたびの動乱がおこったのである。

小説の世界とはいえ、きわめて酷評されている。これは「関ヶ原合戦図志」などの軍記物に記された内容にもとづいているが、秀吉によって政争の具にされ、関ヶ原の前哨戦である岐阜城の戦いでもあっけなく敗れてしまった秀信の評価が一般に高くないのは致し方ないことかも知れない。

しかし実際の秀信は、三成の五奉行退任直後から不慮の事態に備えて、岐阜城下に警戒態勢を取らせるなど、先を見据えた動きをとっている。また岐阜城での戦いぶりも敵方に賞賛されるほどであり、配下に有能な人物も多く、決して凡庸なだけの人物ではない。

幼い頃から辛酸を嘗《な》めたこの人物は、あるいはその中で培《つちか》われた、何か強《したた》かさを持っていたのかも知れない。

さて三成と秀信が親しい関係にあったことは、今に残るいくつかの書状から明らかである。その関係はいつから作られたものなのだろうか。

三成と秀信の出会いの時は、実ははっきりしない。

可能性の一つとしては、秀信が三成の出身地である近江坂田の領主であった時が考えられる。当時秀信はまだ五歳であったので、実際の統治は代官・堀秀政が行っているが、領内巡察にでる秀信を三成が案内するような状況はあり得たかもしれない。

また三成が奉行として出陣した文禄の役には秀信も参陣しているし、三成の西濃の領地は、秀信の所領と近接している。そこから関係が生まれた可能性もある。

三成は秀信より二十歳年長である。幼くして過酷な運命に投げ出された貴公子を、三成が温かく見守るような情景があったのだろうか。

そして本能寺の変から二十年、再び天下が大きく動いたときに、秀信は三成とともに動乱の中で戦うこととなった。

▲織田家の菩提寺である崇福寺（岐阜市）

第八章　【交友】

立場を越えた友情―真田信幸宛

近頃は私も忙しく、ご無沙汰しております。さて岐阜中納言（織田秀信）殿がお加減が悪く、あなたの分領地である草津（群馬県吾妻郡草津町）での湯治をしたいとのことです。しかし彼の地は不案内なので、ご無心ながら留守居衆へ面倒をみるように手紙を書いてもらえませんか。そうしてもらえれば私も助かります。いつもこのようなことをお願いし、心中ご迷惑と思います。御意を得られますように。委細は使者にて。恐々謹言

近日は手前煩敷故不承候、然者」岐阜中納言（織田秀信）殿御煩ニ付て、貴殿御」分領草津へ御湯治
有度之旨候、」就其彼地御無案内之事ニ候間、」乍御無心、御留守居衆へ馳走候」様ニと
の折紙一通御所望ニ候、拙者ニ」被懸御目をニ付て、貴所我等半被」為聞召、右之通ニ候、
御馳走候て可」被遣候、於拙者可為本望候、度々」如此之儀申入御心中迷惑ニ候、委曲」
使者可得御意候、恐々謹言、

六月九日　　三成（花押）

年代未詳　真田信幸宛書状　真田家文書　真田宝物館蔵

親友との日常的なやりとり

三成の親友というと、まず大谷吉継《おおたによしつぐ》が上げられる。

その他に、直江兼続《なおえかねつぐ》、佐竹義宣《さたけよしのぶ》を上げる人もいるだろう。

だが意外に彼らと三成の親交を示す書状として残されているものは少ない。

三成と際立った親密ぶりを示している人物は他にいる。

意外にも思えるその人物の名は、真田信幸《さなだのぶゆき》（信之）である。

信州松代《まつしろ》（長野市松代町）藩祖にして、関ヶ原では父・真田昌幸《まさゆき》、弟・真田信繁《のぶしげ》（幸村）

▲松代城址（長野市）

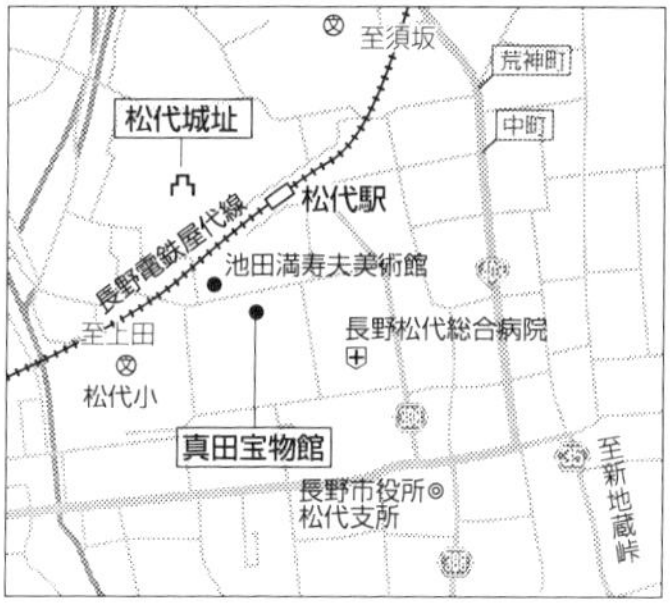

と袂《たもと》を分かってまで、三成と敵対した人物である。

「この人物がなぜ？」という憶測はさておき、三成と信幸の結びつきは、豊臣家と真田家という「公」の枠を越え、細かな私生活に及んでいる。

冒頭の書状は三成が信幸に出したものだが、これも日常的なやりとりの一つといえよう。信長の嫡孫《ちゃくそん》の岐阜城主・織田秀信の湯治の世話を頼んだものだが、公的な書状というより、私信に近く、三成の態度も己を飾ることなく、感情を素直に表し、謙虚である。三成と信幸のやりとりには、これ以外にも極めて日常的なものが多い。

いくつかの例をあげるとこんな感じである。


御礼状拝見しました。このところ御城番にて宿へ帰ることもなく、御意を得ることもできません。御城番も近日に空くと思いますので、一夕《いっせき》つもる話をしましょう。恐々謹言

御礼拝見しました。宿にてお待ちしています。謹言

真田（昌幸）殿の（秀吉への）進物のこと、明日にも申し上げます。こしらえを作ってお待ちください。昌幸殿の書状も今読んでいます。謹言

度々の思し召し御礼申し上げます、ことに再々おたずねいただきましたのに、煩《わずら》いゆえにお会いできませんでした。もはや(具合も)よくなりましたので、相つもる話をしましょう。重ね重ねありがとうございます。謹言

先日は約束の鷹をくださり、こちらよりすぐにご連絡するところ、疲れ果てていて(尾羽つき候やらにて)遅くなりました。さても見事な鷹、ありがとうございます。昨夕もお尋ねの由、私もお目にかかりたかったのですが、とかく(秀吉の)御わずらいにより宿へ帰る暇もなく、本中書(本多忠勝殿)もお尋ねくださったとのことですが、このような次第でお会いできませんでした。お察しください。謹言

御礼状拝見しました。私が煩っていたこと、よくもうご存知でしたね。宿に戻りましたが、すこしくたびれています。一両日中には罷《まか》り出るつもりです。ご帰国されるとのこと、心得ました。(秀吉廻りの)皆々大坂へ下っていますが、今日中には(伏見に)帰り揃いますので、これより申し入れておきます。謹言

わざわざ、このような事まで書状にしなくてもよいのではないか、と思われる内容まである。

もう一つ驚くべきことは、このような書状を信幸が真田家文書として大切に保存してきたことである。

真田に保管されていた文書類、いわゆる真田家文書全三百八十一通のうち、三成書状は十五通を占める。徳川将軍家からの書状を除くと最も多い数である。ただでさえ三成の書状は現存するものが少なく、僅かに残っているものでも、三成の署名が切り取られているものもある。三成との繋がりを咎《とが》められることを怖れた人々が廃却してしまったからなのだが、その中で信幸の態度と特異さは際立っている。

このような交友はどうやって生まれていったのだろうか。

立場を越えて続いた友情

真田家と三成の繋がりは古い。

一説にはその結びつきは、三成の岳父《がくふ》である宇多《うだ》氏（尾藤氏）を介したものであり、信幸の父・真田昌幸と三成は同じ宇多氏の娘を妻に持つ義兄弟であるというものもある。

武田家滅亡後、自立の道を歩んだ真田家であるが、周囲を北条・上杉・徳川という強大な勢力に囲まれた状況にあって、それは容易なことではなかった。

拠るべき家を幾度も替え、「表裏比興《ひょうりひきょう》（卑怯）のもの」と罵《ののし》られた真田家が最後に頼ったのが豊臣秀吉、そしてその取次ぎとなった石田三成であった。

後には、この関係が秀吉の北条《ほうじょう》征伐、三成の忍城《おし》攻めへと繋がっていくのだが……。

ただその中で、秀吉家臣となった父・真田昌幸に対し、徳川与力《よりき》となった真田信幸は異なった道を歩んでいく。

徳川四天王の一人、本多忠勝の娘を娶《めと》った信幸は、徳川家康の信任を得て、父・昌幸とは違う独自の道を歩き出すことになったのだ。

「公」の世界では遠ざかる位置になった二人だが、その交友は続いていく。

これら三成・信幸の書簡には年はもとより、月日の記載まで欠いているものが多い。内容的に私的なものであるからだろうが、記述から推察するに、文禄年間から秀吉の死の直前まで、京・伏見を舞台に続いていたものと思われる。

うがった見方をすれば、三成が徳川方とのパイプ役を、真田信幸・本多忠勝ラインに頼んだといえるかも知れないが、三成の書状から窺えるのは、もっと人間的な繋がりである。湯治の世話を頼み、進物をやり取りし、京の屋敷を行き来して語り合う両者。立場の違いを越えた友情がそこに見て取れる。

今に伝わる真田信幸の逸話からは、信幸の几帳面な性格が見て取れる。三成ももとより生真面目な人間であるので、そういう共通点が両者を結びつけたのかもしれない。

だが慶長三年(一五九七)秀吉の死により、時代は大きく動き始めていた。

三成は在鮮軍撤収のため、京を離れ博多に赴き、その翌年、七将襲撃事件で失脚し、佐和山へ退隠する。信幸もまた居城・沼田（群馬県沼田市）へと帰っていった。両者の関係はここで途絶える。

そして運命の関ヶ原戦の後、二人は勝者と敗者の立場に別れることとなった。

徳川方についた多くの大名は、三成との関わりを隠すため、三成から来た書状を廃却していった。その中で信幸は、三成との交友の足跡を捨てずに手元に遺している。

真田家の手文庫に残された多くの三成書状。

それは戦乱を越えた友情の痕跡を留めているかのようだ。

真田一族と上州沼田領土紛争

北条と徳川による国分け

長く武田家に属していた真田一族は、武田滅亡後、自立した領主を目指し始める。周囲を北条《ほうじょう》、上杉、徳川らの強豪に囲まれた中で、その道は非常に険しいものであったが、天正十年（一五八二）ころには、真田家は織田家に従いながら信州上田、上州沼田を中心とした地域に自己の基盤を築くに至っている。

特に上州沼田は、先々代の当主・真田幸隆《ゆきたか》の頃から三代に渡る努力で自領としてきた土地なので、真田家にとっては思い入れの強いものがあった。

しかし、天正十年六月に本能寺の変が発生。その後の神流《かんな》川の戦いによって織田家勢力が、東国から撤退すると真田家の運命もまた動き始める。

織田勢力の撤退により生まれた東国の空白地域を埋めようと積極的に動いたのは、東国の二大勢力、北条と徳川である。両者はお互いに衝突することでこの絶好の機会を逸することがないよう、両者が侵攻する範囲を予めお互いに取り決めようとした。天正十年十月に対陣中の家康と北条氏直の間で行われた国分けがそれである。

良い例えか分からないが、言ってみれば第二次大戦でのポーランド侵攻前にヒットラーとスターリンが国土分割を取り決めたのに似たようなものだろうか。頭越しに領土範囲を決められた東国の小領主たちにしてみれば堪ったものではないだろうが、北条・徳川両家はこの機会に関東・信州の地を切り取り次第に獲得しようと血なまこになっていた。

二大勢力をともに敵に回す

この国分けの際、真田家が支配する上州沼田は北条の領分とされている。真田家はこれより以前の天正十年九月に徳川配下となり、家康に対しその領土保全を求めているから、この辺の家康の対応はやや不可解である。家康は真田を配下に加える一方で、その支配地域を切り取り次第ご自由に、と北条に伝えているわけである。沼田のことは、真田と北条の問題、と突き放した考えでいたのか、真田と北条に対し二枚舌を使っていたのか、よく分からない。

ただ言えることは真田に対する

家康の態度は好意的ではないということと、家康は三成とは違い、あまり筋を通す性格ではない、ということであろうか。

さて家康側は、天正十年の国分けに従い、甲州・信州の大部分をその支配下に入れるが、一方で北条側の沼田攻略は真田一族の抵抗にあい、遅々として進まなかった。これに対し北条は家康に対し、国分けでの決め事に従い、上州沼田領を引渡すように申し入れる。天正十年の国分けが、そもそも各々での自力切取を前提としたものであるので、この北条の申し入れにも無理はあるが、家康はこれを拒絶することなく、真田家に対し上州沼田領を北条に引き渡すように命じてきたのである。この決定の背後には、来るべき秀吉との戦いに備え、北条との関係を良好にし、後顧の憂いをなくしたいとの家康の思いがあったことは想像に難くない。

▲真田氏館跡（長野県上田市）

一方、真田一族は当然これには強く反発。沼田は父祖の代から地盤としてきたもので、家康から賜った土地ではない、とこの要求を拒絶。徳川配下から離脱することとなった。

ここに至り真田家は、北条・徳川という二大勢力をともに敵に廻すこととなったのである。

天正十三年閏八月、当主・真田昌幸は上田に籠もり、寄せ来る徳川勢を撃退。嫡男・信幸は沼田領確保のために北条氏と戦う。小説にもよく取り上げられる真田勢の奮戦である。

しかし、いくら真田が戦巧者とはいえ、この大敵に対し単独で戦い続けることは無理がある。そこで真田一族が後ろ盾として頼ったのは上杉景勝、そして景勝が帰属している秀吉であった。

三成と真田家が深く接触を始めるのはこの頃からである。

北条方の裁定違反に怒る三成

後に深い繋がりをもつ、景勝・秀吉と真田一族であるが、最初の頃はその関係は必ずしも円滑にいってはいなかった。天正十三年（一五八五）十一月には、秀吉は援助を求める昌幸の要請に応え、帰属を認めるので上洛するよう促しているが、昌幸がこれに応じた形跡はない。一度は撃退したとはいえ、徳川・北条と敵対関係にある昌幸は簡単には上洛できなかったものとも考えられるが、これは非常に秀吉の心象を害する状態であった。天正十四年八月には秀吉は真田を面従腹背の「表《ひょう》裏《り》比《ひ》興《きょう》者《もの》」と呼んで不信感を顕にし、さらに「成敗を加えられる」と述べ、真田討伐を広言するに至る。

ここまで冷却した両者の関係であるが、翌月には事態は急展開し、真田討伐は撤回される。真田の赦免には三成も仲介に動いたと推測されるが、この後、家康が秀吉に服属した際に、真田はその与力大名として家康の指図を受ける立場に位置づけられる。家康と真田のこれまでの関係を思うと、特に真田側には家康の与力になることには複雑な思いがあったと考えられるが、秀吉・家康の双方に東国での争いの種を摘んでおきたい意思があったのだろうか。

そして、長く北条・徳川・真田の間で係争の種になっていた沼田問題についても、天下惣無事の思想のもと、秀吉による裁定が下されることとなった。

その秀吉の裁定は、真田氏に対し沼田領の三分の二を北条家に引き渡せ、というものであった。家康により替地を宛てがわれることが条件になっていたとはいえ、長く沼田領の実効支配を続けてきた真田にとってこれは厳しい裁定であったと言える。他の惣無事令に基づく裁定結果と比べても、この沼田領裁定は真田側に不利な印象が拭えないが、秀吉側にとっては早く北条の服属を実現させたい思いが強かったのであろう。三成も当時の書状で、この裁定の結果、北条は人質を出して豊臣公儀に服属することになるだろう（「北条骨肉之仁差上、公儀可相勤事治定」）と述べている。真田に犠牲を強いてでも、北条を惣無事令の体制下に入れ、関東惣無事を実現させたいとの秀吉の見解に三成も同意して

▲名胡桃城址（群馬県みなかみ町）

いたものと思われる。

ところが上州完全制覇を目指す北条にとっては、この裁定ですら不満であった。そして真田に安堵された上州沼田領の残り三分の一、名《な》胡桃《くるみ》城を武力で強奪するに至る。

北条方の名胡桃城強奪の急報を受けた三成は怒りを顕《あらわ》にし、北条がこの地を盗みとったと吐き捨てている。(「真田拘之地以計策盗捕、為隠非」)。盟友・真田に犠牲を強いてまで、惣無事令の実現を目指した思いを無残に踏みにじられた怒りは深かっただろう。

北条征伐で行動をともに

北条の裁定違反に対する秀吉側の対応は素早かった。家康のとりなし、北条氏直の言い訳には耳も貸さず、全国の諸大名に号令を発し北条征伐が行われるのである。

この北条征伐に至る経緯については、これはもともと秀吉の思惑通りであり、秀吉は最初から口実を構えて北条を滅ぼすつもりであったという人がよくいるが、当時の経緯を追っていくとそうとは思えない。秀吉側はあくまで当初は北条を服属させる方針で事を進めており、北条征伐の動きが急を見せるのは、名胡桃城強奪による北条の裁定違反が明らかになってからであるからだ。

北条征伐の結果はよく知られているとおり、秀吉の圧勝に終わり、長く関東を支配してきた北条五代はその歴史を閉じることとなった。

この北条征伐の中で、三成と真田一族はよく行動をともにして協力し合っている。その後も長く続く三成と真田氏の関係は、ここで固められのかも知れない。

▲沼田城から名胡桃方面を望む

第九章 【決別】

家康を弾劾──内府ちがひの条々

内府《ないふ》ちがひの条々（家康、掟破りの条々）

一、五人の奉行（いわゆる五大老）、五人の年寄（五奉行）にて誓紙《せいし》連判していくほどもない間に年寄の二人（浅野長吉、石田三成）を追い籠めたこと。

一、五大老のうち前田利家が亡くなると、景勝を討ち果たすべくとして、（前田家から）人質をとって追い籠めたこと。

一、上杉景勝には何の咎《とが》もないのに、誓紙をたがえ、また太閤様置目《おきめ》に背き討ち果たすべきではないと種々様々にその理由を申し上げたが、ついに許容なく出馬したこと。

一、知行のことは、自分で召し置くのは言うまでもなく、取次もしてはならないと誓紙で誓ったはずであるのに、忠節もない者に知行を出し置いていること。

一、伏見城の太閤様が置かれた留守居どもを追い出し、私に人数をいれたこと。

一、十人（五大老・五奉行）の外は誓紙を取り交わしてはならないとしたのに、多数取り交わしていること。

一、政所《まんどころ》様の御座所に居住していること。

一、御本丸のように（大坂城に）天守をあげたこと。
一、諸侍の妻子を、えこひいきで国元へ帰していること。
一、縁辺（大名間縁組）のこと、御法度に背いたことについて、その理《ことわり》を合点したはずなのに、重ねて縁辺をしていること。
一、若い衆をそそのかして、徒党を立てていること。
一、大老五人で行うことに、一人で署名していること。
一、内縁の者に馳走する理由で、八幡宮の検地を免除したこと。

右は誓紙の筈が少しも立てず、太閤様の置目に背き、何を信頼すればよいのでしょうか。秀頼様お一人を取り立てることも本当のこととは思われません。

この度、内府（家康）が景勝攻めに向かったのは、誓紙と太閤置目に背き、秀頼様を見捨て出馬したということです。我々は相談し（家康との）戦いに及ぶこととしました。内府の掟破り（違い）の条々は別紙に見えるとおりです。これを皆もっともと思し召し太閤様の恩を忘れなければ、秀頼様に忠節を尽くしてください。恐惶謹言

内府ちかひの条々

一五人之御奉行、五人之年寄共、其上巻之誓紙連」判候て、無幾程、年寄共内弐人被追籠候事」

一五人之奉行衆内、羽柴筑前方事遮而□」□を被遣候て、身上既可果候処、先景勝」為可被討果人質を被取、追籠被申候事」

一景勝なにのとかも無之ニ、誓紙の筈を」ちかへ、又候　太閤様被背御置目今度可被討」果儀歎ケ敷存、種々様々其理申候へ共、終ニ」無許容被出馬事」

一知行方之儀自分ニ被召置事ハ不及申、取次」をも有間敷由、是又上巻誓紙筈をちかへ、」忠節も無之者共ニ被出置候事」

一伏見之城　太閤様被　仰置候留守居共を」被追出、私ニ人数被入置候事」

一拾人之外、誓紙之取やり有間敷由、上巻」誓紙ニのせられ、数多取やり候事」

一政所様御座所ニ居住事」

一御本丸のことく殿守を被上候事」

一諸侍之妻子ひいき〳〵　ニ国元へ返事」

一縁辺事被背　御法度ニ付て、各其理申、」合点候て、重而縁辺不知其数事」

一若かき衆ニすくろをかへ、徒党を立させられ候事」

一御奉行五人一行ニ為一人判取事」

一内縁之馳走を以、八幡之検地被免候事、」
右誓紙筈少も不被相立　太閤様」被背　御置目候へハ、なにを以たのミ可」有之候哉、如此一人つゝ被果候ての上、」秀頼様御一人被取立候ハん事、まことし」からす候也」

慶長五年七月十七日

急度申入候、今度景勝発向之儀、内府公上巻之誓紙並被レ背二太閤様御置目一、秀頼様被二見捨一出馬候間、各申談及二鉾楯一候、内府公御違之条々別紙ニ相見候、此旨尤と思召太閤様不レ被レ相二忘御恩賞一候ハヽ、秀頼様へ可レ有二御忠節一候、恐惶謹言

慶長五年（一五九九）七月十七日　関ヶ原合戦直前に三成方が諸将に送った連署状　筑紫古文書所収

通説による三成と家康の対立

慶長三年（一五九七）、一代の英傑・秀吉が没する。三成、三十九歳の時である。秀吉の死から関ヶ原まで、豊臣政権を擁護《ようご》しようとした三成と、天下簒奪《さんだつ》をねらう家康は終始一貫して対立し続けていたと、一般には捉えられている。そして三成の人望の無さゆえに、豊臣恩顧の大名の多くが家康方に走り、関ヶ原の敗戦に繋がったという見方も通説化している。

しかし物事はそう単純ではない。

秀吉死後の政局については、近年多くの新たな視点からの研究がなされてきた。そのうちのいくつかは、三成と家康が、秀吉の死の直後から単純に敵対していたとはいえない、ということを示唆している。

まず通説では、関ヶ原に至る三成と家康の関係はどう捉えられているだろうか。

今まではだいたい以下のような見方が、一般的ではないだろうか。

「秀吉の死後、家康が政権簒奪を図ると考えた三成は、その排斥を図る。

まず三成は家康が福島・蜂須賀《はちすか》・伊達《だて》家らとの縁組を図ろうとしたことを、秀吉の遺言（置目）違反と糾弾する。三成は他の大老、前田利家《まえだとしいえ》・毛利輝元《もうりてるもと》・上杉景勝《うえすぎかげかつ》・宇喜多秀家《うきたひでいえ》および五奉行と連合し、家康を追い込もうとした。

この時、豊臣恩顧のいわゆる武断派大名、加藤清正《かとうきよまさ》・福島正則《ふくしままさのり》らは三成憎しの思いから家康方へ走り、豊臣系大名は分裂する。そして武断派大名の奔走《ほんそう》により、利家と家康は和解。三成の画策は空振りに終わる。

やがて利家が病没すると家康の使嗾《しそう》を受けた清正・正則ら武断派七将が三成を襲撃、窮した三成は家康の屋敷へ駆け込む。ここで家康は、三成をすぐ殺すより、生かしておいて反家康派を糾合、挙兵をさせた方が、却って天下取りの早道となると考え、三成を保護し、居城佐和山《さわやま》へ退隠させる。

三成はその後も謀略を続けた。次に行ったのは、前田利長による家康暗殺事件のでっちあげである。これで、徳川・前田間に争いを起こし、前田方を反徳川陣営に引き込もうと画策するが、前田家が芳春院《ほうしゅんいん》（まつ）を人質に出し家康と講話したため、この企ても不発に終わる。

一方、家康も三成の決起を誘引することを画策。上杉攻めのため上方を離れ、三成に誘いの隙をみせる。ここでついに三成は家康の思惑通りに挙兵。三成ら反徳川陣営を破った家康は一日にして天下人となった」

家康と共通する政治思想

このように三成と家康は終始対立していたという単純化した見方は、ある意味分かりやすいかも知れない。ただしこれは歴史上の事実を後の結果から遡って都合よく評価しようとするものであり、必ずしも史実ではないと考えざるを得ない。少しでも史実に近づこうと思えば、事件と同時並行で書かれている同時代資料を丹念に読んでいく必要があるだろう。

最近の研究では秀吉死後の政局に関して、三成と家康の対立という二極化した見方ではなく、徳川派・前田派・三成をはじめとする奉行と毛利ら一派との三極でみるべきという見解が水野伍貴《みずのともき》氏らによって提唱されている。徳川 vs.反徳川＝三成という捉え方ではなく、徳川派vs.三成（および毛利）派vs.前田派という三派が各々の思惑で動いていたという考えである。この見方は当時の情勢を理解する上で非常に重要と思われる。また光《みつ》成準治《なりじゅんじ》氏は毛利氏と三成の関係について、従来と異なった新たな史実を提唱している。

私自身も三成と家康は終始対立したという見方に疑問を持っている。むしろ両者はお互いを認め合うような面があったのではないだろうか。少なくとも三成と家康の政治思想に共通する部分が多かったのは確かと言うことができるだろう。家康の政策は、その多くを秀吉・三成政権のものを踏襲しているからだ。

ただもし、通説と異なり、三成と家康が近い関係にあった時期があるなら、どうして両者は最終的に関ヶ原で対決したのだろうか。

ここでは水野伍貴氏・光成準治氏らの研究の一部を紹介しながら、秀吉死後の三成と家康の関係、そして彼らは何故最後に決別したかについて考察したい。

軋み始める関係

一般に秀吉は自分の死後、秀頼成人までの政務代行者を家康に委ねた、との見方がされることが多い。

これは浅野家文書の『豊臣秀吉遺言覚書』等の記述が典拠になっているが、原文を素直に読むと、あくまで家康は政務執行者の一人として位置づけられている。秀吉の死後、三成はくどいほど、十人衆（いわゆる五大老・五奉行）での合議を強調し、秀吉薨去《こうきょ》後の誓詞にも盛り込んでいるが、これは秀吉の政治構想を忠実に実現しようとしたものと考えられる。そして家康の態度が秀吉構想の延長上にある限り、即ちあくまで他の大老衆と同列の態度をとる限り、三成はあえて家康と敵対する意思はなかったのではないだろうか。

秀吉の死後、三成と家康がまず直面したのは、朝鮮の役の収拾であった。この時、三成は家康ら五大老の後ろ盾で、事態の収束を図っている。個々の思惑は別にして、この際は、三成と家康はよく協力して事にあたったと言えるだろう。三成にしてみれば理想的な関係である。

だが両者の関係はすぐに軋《きし》み始める。

まず発生した事件が、慶長四年（一五九九）正月、有名な家康のいわゆる私婚問題による挑発である。

家康は「縁辺の儀」は十人衆の合議によるとした秀吉の決め事（置目）を無視し、伊達家・福島家・蜂須賀家との婚儀を図ったのである。家康は秀吉の置き目を有名無実化するために、このような挑発を意図的に行ったというのが妥当な見方であろう。

この際は家康を除く四大老・五奉行全てが家康を糾弾する側に廻っている。当時の政局を徳川派、前田派、三成派の三極としてとらえるなら、前田派と三成派は共同して徳川派にあたったことになる。

ただこの私婚問題は、事件発生からわずか一ヶ月後に三者に和解が成立し、曖昧なまま決着するのであるが、この時、和解を積極的に進めたのは前田派の面々であった。

二月に前田利家が家康邸を訪問、三月に家康が利家邸を訪問し両者の和解が進む。家康が利家邸を訪れた際に、利家が病間で家康を刺す刀を隠し持っていたというような逸話もあるが、前田派から和解を進めている当時の状況からは全く信じることができない。老獪な利家は家康と協調路線に転じ、三成派は梯子《はしご》を外された状態に陥った感がある。

徳川派、前田派、三成派の三派の動き

この当時の徳川派、前田派、三成派の面々は、誰だと考えられるだろうか。

軍記物等の記述に頼ることになるが、今後の政局でのキーパーソンを各派で色分けすると、概ね以下のようになると考えてよいだろう。

徳川派……………福島正則、伊達政宗、黒田長政、池田輝政、〈大谷吉継〉
前田派……………長岡(細川《ほそかわ》)忠興《ただおき》、加藤清正、浅野幸長/長吉、〈宇喜多秀家〉
三成派……………毛利輝元・佐竹義宣《さたけよしのぶ》、長束正家《なつかまさいえ》、〈増田長盛《ましたながもり》、前田玄以《まえだげんい》〉

〈　〉付きで書いているのは、派閥の一員というより、その色合いが強いくらいの意味合いで見ていただきたい。後の関ヶ原での陣営から思うと不自然と感じられる者もいるだろうが、あくまで当時の対応として、私婚問題時に家康・利家どちらについたかを念頭に識別したものである。なお上杉景勝は当時、前田派にも三成派にも近く、一概にどの系列とは断じがたい。

そして閏《うるう》三月三日、利家が病没しその求心力が失われると、まさにその日に前田派中心の武将七将が三成を襲撃する。いわゆる伏見事件である。

▲伏見城治部少輔丸の近くにあった治部池（京都市）

伏見事件の実態については、近年、笠谷和比古《かさやかずひこ》氏・光成氏らにより研究が進んでいる。通説で言われるところでは、七将に襲撃された三成は女駕籠《おんなかご》で脱出、伏見の徳川屋敷に逃げ込み、家康に命を救われたことになっている。

これに対し近年の研究で明らかになっている史実には以下のようなものがある。

①三成が逃げ込んだのは、伏見の家康屋敷ではなく、伏見城内の自分の屋敷内であった。

②この事件に対し、三成・毛利側も反撃を意図しその準

備を進めていた。

事件の経緯を見る限り、これは前田派と三成派の争いであり、中立の立場であった家康がその仲裁に入った格好である。通説にあるように、家康が七将を唆《そそのか》したというのは、全くあり得ないとは言えないが、直接の証拠となりうる史料はなく、後の状況をみるとその可能性は低いと言わざるを得ない。

毛利厚狭《あさ》文書によれば、毛利輝元はこの機会を捉えて逆に前田系七将だけではなく、伏見の家康も討ち果たし、一挙に政局の主導権を握ろうと画策したという。畿内周辺に地盤をもつ三成派が結束すれば、あるいはこの「逆クーデター」は成功したかもしれないが、結局三成らはその策はとらず、事件の処置を家康の仲介に委ねることとなった。

結果として三成は佐和山に退隠し、子息・重家《しげいえ》が大坂に出仕する。家康は七将も抑え、事件後、徳川派と三成派は接近し、前田派と三成の溝は深まっていく。

三成も従った家康の加賀・前田攻め

伏見事件後、三成と家康が接近したという点は、最近、河合秀郎《かわいひでお》氏らが指摘している新たな見解である。家康と前田派の関係は、この後、前田利長、浅野長吉、大野治長《おおのはるなが》らによる家康暗殺疑惑の発生、それに引き続く家康の加賀攻めに向けて険悪化していくが、その中で三成は家康に協力していたことを示す史実があるというのだ。

利家死後、前田派は求心力を失い、一部は暴走していく。それに対し家康は厳しい態度を示しているが、ただし前田派による家康暗殺計画が本当にあったかどうかについては、疑問を感じざるを得ない。通説では、これは三成の陰謀であり、当時の風聞を記した『看羊録《かんようろく》』によれば前田利長・土方雄久らの計画を三成が家康に報じたことになっている。

このような動きが本当にあったかはともかく、統制のとれなくなった前田派武将にそのような事が起こりうる背景は存在したろう。利家は死んだが、その生前、家康と取り決めた「内府（徳川）・大納言（前田）両頭体制」はまだ名目上生きていた。だが家康にしてみれば前田家の後継者・利長の器量が利家に劣る以上、そのような取り決めを守る気はなく、徹底的に圧力をかけて、前田家が徳川家の下風につくことを明確にしたい意図があったろう。現実に暗殺の企てがあろうとなかろうと、口実を構えてでも、前田家を追い込む。そういう家康の意志があったと思われる。そしてついに家康は諸侯を語らい、加賀攻めの軍を起こす。

家康の加賀攻めの際、三成は家康に従い越前に出陣している。これは『看羊録』だけでなく前田家側の資料にも見られるので史実と思われる。また大谷吉継は前田派の加藤清正の上坂《じょうはん》に備えて淡路に出陣したという。これも島津義弘の書状にあるので史実であろう。この当時、三成らは家康に従う姿勢を見せていたのである。

家康の加賀攻めに関しては、最終的に前田利長が、実母を家康に人質をだすという屈辱外交を行うことによって、軍事衝突は回避された。結果として前田家は徳川家と並び立つ存在ではなく、その配下の一領主であることが明確になったのである。

会津・上杉攻めで家康と敵対

加賀攻めが終結する前から、諸将の間では、加賀の次は会津、上杉攻めであるという噂が流れていたという。前田の次は上杉、敵対勢力を個別に各個撃破するという原則に沿った対応であり、諸将にも家康の意図は見透かしていたということであろう。

加賀攻めの際は、家康に協力し、その指示に従った三成であったが、会津攻めでは家康と決別し、はっきりと敵対する姿勢を取る。

加賀攻めから半年、なぜ三成はこのように家康に対する態度を急変させたのか。加賀攻めと会津攻めでは、三成にとって何がそんなにも違っていたのだろうか。

もちろん三成と上杉家の結びつきは、前田家とは比べものにならないほど深い。上杉家、特に直江兼続を裏切ることはできない、との思いは三成にあったろう。でも、もしそうなのであれば、三成はもっと家康と上杉との仲介に動いたはずである。

三成が家康に従う姿勢を見せていたのが、そもそも擬態であり、三成は虎視《こし》眈々《たんたん》と家康打倒の機会を狙っていたのだ、という人もいるかもしれない。しかし、それは歴史の結果を知っている者のうがちすぎた見方のように思える。三成は加賀攻めの際は家康に従うべき理由があったから従い、会津攻めではその理由が失われたら敵対したのだと考えるべきではないだろうか。

「公儀」を騙った「私戦」を危険視

加賀攻めと会津攻めの最大の違いは何だろうか。

私はそれは征討軍の性格であると考える。加賀攻めの場合、その軍は家康の私兵であり、近隣の大名に対し家康個人の資格で出兵を依頼したものであった。真実はどうであれ、徳川方にとってこれは前田側の家康暗殺事件に対する報復であり、三成ら多くの諸侯にとっては、これは前田家と徳川家の私闘であった。「惣無事」の思想に反するとはいえ、「豊臣公儀」とは無関係な部分で行われた争いだったのである。

ところが会津攻めの際は、家康は秀頼から軍資金を下賜《かし》されたことをもって「豊臣公儀の軍」であることを標榜し、公儀の権威をもって全国の諸大名を動員したのである。三成にとって、「公儀」を騙《かた》って「私戦」を行うというこの行為は、非常に危険なものであると映ったのではないだろうか。

三成の最大の政治思想は、混乱した世に秩序を打ち立てるものであった。家康がその公儀の秩序の中で動く限り、三成にとって敵対する意思はなかったと思われる。むしろ暴走する前田派の方が、秩序の破壊者として排除すべき対象に見えたことだろう。

しかし家康自身が豊臣政権が作った秩序の破壊者として動き始めたとき、三成がそこに従う理由は失われた。

「内府ちがひの条々」で三成が最も述べたかった部分はそこであったろう。三成にとって家康はあくまで政務執行者の一人であり、「豊臣公儀」の代弁者ではなかった。これは西軍の宣戦布告状であると同時に、三成から家康への決別の辞でもあった

だが三成らが決起したことは、日本中に新たな混乱と混沌を生み始める。豊臣公儀という鎖から解き離れた諸侯は、みな勝手な行動をとり始めることになる。三成の新たな苦悩がそこから始まる。

第十章【死闘】

三成決起す――直後の真田昌幸宛

この度の（挙兵の）意趣かねてよりお知らせすべきところを、お知らせ申さず、お腹立ちのことは仕方ないと思います。しかし内府《ないふ》（家康）が大坂にいる間は諸侍の心がいかにも計りがたく、言葉にするのを避けていました。また隠密に申し入れても、挙兵できない場合は（世上なりたたさるについては）お一人心得ていただいても詮無きことと思慮しました。ただし今は後悔しています。

（御腹立ちの）お気持ちは致し方ありませんが、しかしそれももう入らざることですので、この上は、千言万句申し上げても、太閤様のご懇意を忘れず、ただいまの（秀頼様へのご奉公を）お願いする所存です。

上方の情勢は大方使者が見聞しています。方々のご内儀は大谷吉継が保護していますのでご安心ください。増田長盛《ましたながもり》、長束正家《なつかまさいえ》、前田玄以《まえだげんい》も同じ気持ちです。（略）

こちらからは使者を三人遣わしています。一人は返事を添えてお返しください。残り二人は会津への書状をもっていますので、そちらで確かな者を添えて会津へ遣わすようお願いします。信幸《のぶゆき》殿、左衛門尉（信繁《のぶしげ》）殿にも別紙で申し入れますが、貴殿心得て仰せください。

「(端裏ウハ書)眞房州　　石治少　」

御報

去廿一日ニ兩度之御使札、同廿七日於江佐(近江佐和山)ニ到來令、拜見候、

一右之兩札之内、御使者持参之書ニ相添覺書并御使者口上得心候事

一先以今度意趣、兼而御知も不申儀、御腹立無余儀候、然共内府在大坂中、諸侍之心いかよも難計ニ付而、言發儀遠慮仕候、就中貴殿御事迚公儀無御疎略御身上ニ候間、世間如此上者、爭とゝこほり可在之哉、いつれも隱密之節も申入候ても、世上不成立ニ付てハ、御一人御得心候ても無専(詮)儀と存思慮、但今ハ後悔候、御存分無余儀候、然共其段ももむや不入事ニ候、千言萬句申候ても、大閤様御懇意不被忘思食、只今之御奉公所希候事

一上方之趣、大方御使者見聞候、先以各御内儀かた大形少(大谷吉隆)馳走被申候条、可御心安候、増右・長大・徳善も同前ニ候、我木儀者使者如被見候、漸昨日伏見迄罷上躰ニ候、重而大坂御宿所へも人を進之候而御馳走可申候事

一今度上方より東へ出陣之衆、上方之様子被承恙皈陣候、然者、於尾・濃令人留、歸陣之衆一人〳〵之所存、永〻之儀秀頼様へ無疎略究仕、皈國候様ニ相卜(分)候事

一大略無別条、各〻無二之覺悟ニ相見候間、御仕置ニ手間入儀無之事
一長岡越中(細川忠興)儀、大閤様御逝去已後、彼仁を徒黨之致大將、國乱令雜意本人ニ候間、即丹後國へ人數差遣、彼居城乘取、親父幽齋(細川藤孝)在城へ押寄、二の丸迄討破候之處、命斗赦免之儀禁中へ付而御佗言申候間、一命之儀被差宥、彼國平均ニ相濟、御仕置半候事
一當暮來春之間、関東爲御仕置可被差遣候、仍九州・四國・中國・南海・山陰道之人數、既八月中を限、先江州ニ陣取并來兵粮米先〻へ可被差送之御仕置之事
一羽肥前(前田利長)儀も、對公儀毛頭無疎意覺悟ニ候、雖然老母江戸へ遣候間、内府へ無疎略分之躰ニ先いたし候間、連〻公儀如在不存候条、各御得心候て給候へとの申され分ニ候事
一ヶ条を以掌仰候所、是又御使者ニ返答候、又此方より条目を以申儀、此御使者口上ニ御得心肝要候事
一自此方三人使者遣候、右内一人ハ貴老返事次第案内者そへられ、此方へ返可被下候、殘弐人ハ會津へ之書狀共遣候条、其方より慥なるもの御そへ候て、ぬまた越ニ會津被遣候て可有候、御在所迄返事持來皈候者、又其方より案内者一人御そへ候て上着待申候事
一豆州(信幸)・左衞門尉(信繁)殿、以別帋雖可申入候、貴殿御心得候て可被仰達候、委曲御使者可被申伸候、恐惶謹言

七月晦日　三成(花押)

眞房州
御報

慶長五年（一五九九）七月三十一日　真田昌幸宛書状　真田文書　真田宝物館蔵

家康包囲網を画策

遂に家康に対して決起した三成。

三成の勝算はどこにあったのだろうか。

よく言われることに、家康は自分に敵対する勢力を一気にまとめて討ち果たすことを目指し、会津攻めでいわば誘いの隙をみせ、それに乗った三成がまんまと思惑どおり挙兵したという話がある。

だがこれは関ヶ原戦が結果的に一日で決着したという結果から考えられた説であり、家康が最初からそのような考えでいたとは考えられない。前田攻め、上杉攻めと順次行ってきた家康の戦略は、敵対勢力の各個撃破であった。強大な兵力をできるだけ一ヶ所に投入して孤立した相手を個別に討つ。全国諸侯中で最大勢力をもつ家康にとって、これこそがリスクのない、最も合理的な戦略であった。

強大な勢力をもつ相手に対し、それより弱い勢力が取りうる手段は限られている。合従《がっしょう》連衡《れんこう》の例からも分かるように、弱小勢力同士が同盟を結ぶのがその一つである。家康が一点に兵力を集中することを阻み、勢力を分散させ、各地の戦いで疲弊させるやり方である。三成らは、そのように全国規模での対家康包囲網を敷こうとした。

その両翼はむろん北の上杉、西の毛利《もうり》である。しかし、その両者はあまりに遠く隔たっており、連携するにはほど遠い。これらを結ぶには途中の美濃（岐阜県南部）・信濃（長野県）に包囲網に参加する諸侯を得ることが必要になる。即ち岐阜城主・織田秀信《おだひでのぶ》と上田城主・真田昌幸《さなだまさゆき》の動向が非常に重要であった。結果的に織田秀信が三成方に加担したことで、美濃の諸領主は雪崩をうって西軍につき、美濃一国は西軍が支配するところとなった。

さらに三成は、真田昌幸に対しても挙兵直後から働き掛けを行っていた。その内容を示すのが冒頭の書状である。

よく知られているように、結果的に真田昌幸・信繁《のぶしげ》（幸村）親子は西軍につき、信幸は東軍につく。ただ冒頭の書状で興味深いのは、三成はこの挙兵を姻戚にあたる昌幸にすら事前には伝えていなかったということである。

三成の頭に、家康を全国規模で包囲するという戦略があったとしても、それは事前に周到に準備されていたものではなかったということが、ここから分かる。三成は大坂では情報の秘匿が難しかったということを事前調整しなかった言い訳にしているが、この辺りの状況からは秀吉死後から三成がずっと家康打倒の機会を狙っていたという通説には疑問符がつく。

いずれにせよ昌幸が三成方についたことで、大坂―近江―美濃―信濃―会津へと結ぶ連絡網ができ、家康を東西から包囲する形が整ったこととなった。

三成と上杉を繋ぐ真田の上田城

包囲された側がそれを破る戦略は何だろうか？　それは包囲網の一番弱いところを叩くことである。包囲網で一番弱いのは信州の小領主・真田であった。家康側は、まずこを叩くべく、徳川配下の主力を上田（長野県上田市）に向けた。

▲上田城址（長野県上田市）

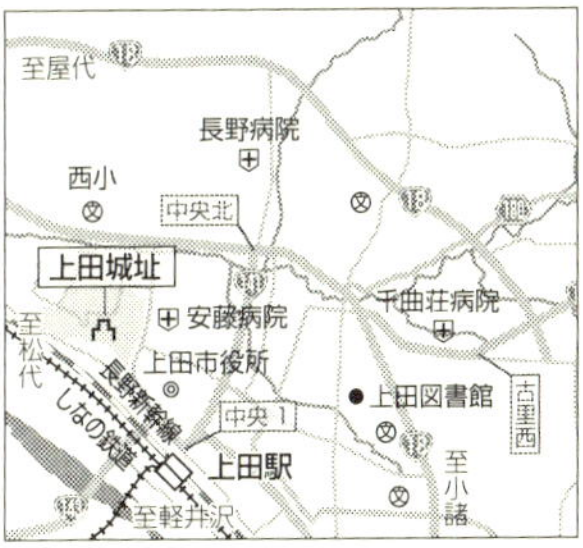

このあたりの経緯も通説言われていることと、史実には開きがあるように思われる。通説で言われているところは、このような感じであろうか。

「家康は兵を二手に分けて美濃に向かわせ、一つは自身が率いて東海道を進み、もう一つは嫡男・秀忠《ひでただ》に預けて中山道《なかせんどう》を進ませた。そして中山道を進んだ秀忠隊は、昌幸の挑発にかかり、本来は見捨てておけばよい上田城に攻めかかったが、逆に昌幸の戦術に翻弄《ほんろう》されてしまう。秀忠は戦略判断のミスから昌幸の上田城攻めを行い、無駄な時間と損害を費やしたあげく、関ヶ原戦に間に合わなかった」

しかし、これは秀忠に酷すぎる話のようである。笠谷和比古《かさやかずひこ》氏、桐野作人《きりのさくじん》氏らが論証しているところでは、秀忠隊の当初の目的は、美濃に進出することではなく、あくまで上田城を降《くだ》すことであった。八月二十四日の浅野長吉《あさのながよし》宛家康書状には「中納言（秀忠）、信州口へ相働かせ候」とあり、家康の狙いは真田を降すことで、包囲網を崩壊させ、上杉と三成方の連携を阻むことにあったのである。家康らしい堅実な戦略と言える。

一方で、それは昌幸が単独で徳川旗本の攻撃を一手に受ける立場にいた、ということである。何の援軍も期待できない中で、十倍の敵勢を引き受けて十日にわたって戦い抜いた昌幸の心底こそ不敵というべきだろう。

決戦の舞台へ

この情勢が変わったのは、八月二十七日、岐阜城が徳川抜きの、福島、池田、細川らによって二日で攻め落とされ、美濃方面の戦局が一挙に動いたという情報を徳川方が得てからである。

天下の名城・岐阜城が、家康出馬前にあっけなく攻め落とされたというのは、三成にとっても想定外の事態に違いない。

これに先立つ、八月五日、三成は昌幸に出した書状の中で、福島正則《ふくしままさのり》が西軍につく可能性あり、と述べている。伏見事件で三成を襲った正則が、自軍につくと考えるのは不思議であり、三成の甘さを示しているとの指摘も可能である。ただ、三成としては美濃だけでなく尾張も誘降し、家康包囲網をより狭め、家康との決戦は矢作川《やはぎ》を境にしたあたりと想定していたようである。

美濃・岐阜城の陥落は、信州・上田城での昌幸の運命も変えた。巧みな戦術で秀忠を翻弄していた昌幸であったが、徳川は主力を上方の決戦に振り向ける方針転換を図ったため、秀忠軍は上田攻めから美濃に転戦することになったのである。

信州・上田での昌幸の孤軍奮闘は終わり、決戦の舞台は関ヶ原へ移ることとなる。

第十一章【危機】
岐阜城陥落、大垣から関ヶ原へ

一、赤坂（岐阜県大垣市）にいる敵は何のてだてもなく、ものを待っている様子です。不審だとみな申しています。

一、一昨日は、長束《なつか》・安国寺《あんこくじ》の陣所へ我らは参りましたが、かれらの考えでは相済むまじく思います。ともかく大事をとる一方で、たとえ敵が動いても追いかけることもできないでしょう。陣所は垂井《たるい》（同県垂井町）の山の上ですが、かの山は人馬の水もないような高山で、いざ合戦となっても人馬の上り下りも出来ないほどの山です。味方も不審に思っていますから、敵もそうでしょう。

（略）

一、いずれのつなぎの城にも、輝元御人数を入れおくことが肝要です。江濃の境目松尾之御城、いずれの御番所にも中国衆を入れるべきです。

一、こちらは何とか諸侍の心が合わされば、敵陣は二十日中にも破れるでしょうが、このままでは味方中に不慮の事態が起きるのは目に見えています。島津義弘、小西行長も私のように申していますが、まだ遠慮があるのでしょう。私は思いのたけを残らず申しました。

（略）

一、ただ宇喜多秀家の覚悟は見事です。一命を捨てる覚悟です。義弘と行長も同様です。

（略）

一敵至二今日一、赤坂何之行も無レ之、延々と居陣ものを待様に、しかと有レ之体に候。不審成と各申候事

一従二江州勢州一罷出候衆、参着候はんとて、今日たき《多芸》のかなや《金屋》と申所へ被二出逢一候。拙子儀はおほがきに在レ之事に候。当城近辺の人質、伊藤家来のもの、並町人のしちもつ迄入置候。敵より火付之才覚、伊藤若輩故、家中之者共、様々之才覚仕候に付て、心ゆるし不レ成候。殊に拙子もの共、さき手に有レ之所ハ、敵相二町三町の間に候之条、拙子ハ城中にしかと有レ之体に候今日の談合にて、大形味方中の仕置可二相究一候。あら〳〵ながら一昨日長大・安国寺巻題《マキダ》陣所へ、我等参り、彼内存承候分にては、諸事相済間敷と存候。その故は、殊之外敵を大事に懸られ候て、縦敵はいくん候共、中々可二相果一行も無レ之、兎角身の取まはし積り計にて候。陣所は垂井の上の高山に、山取之用意に候。彼山は人馬之水も有レ之間敷程の高山にて、自然之時は、掛合にも、人数の上り下りも不レ成程の山にて候。味方中も不審可レ仕候。敵も可レ為二其分一事

（略）

一何れの城之伝々にも、輝元御人数入被レ置候。御分別肝要に候。此段子細有レ之候間御分別あつて、勢州を初、太田・駒野に今度城を搆候而、能候はんと存候。江・濃之境目松尾之城、何れの御番所にも、中国衆入可レ被レ置、御分別尤にて候。如何程慥成遠国衆にて候共、今時分は国郡之心さし有レ之付て、人之心難レ計候。御分別之前に候事

一当表之儀は、何とそ諸侍之心揃候は丶、敵陣は廿日之中ニ破り候はん儀は、何れの道にも可二多安《タヤスカル》一儀に候へ共、此分にては、結句味方中ニ不慮出来候はん体、眼前に候。能々御分別肝要に候。羽兵入・小摂抔も、某被レ申様ニ候へとも、遠慮有レ之と見え申候。拙子儀は、存知之たけ不レ残申候

（略）

一備前中納言殿、今度之覚悟、さりとては御手柄、是非なき次第ニ候。此段自二諸口一可二相聞一候間、申ニ不レ及候。一命を棄而御かせきの体ニ候。其分御分別御心得可レ有レ之、羽兵入・小摂同前之事

（略）

恐々謹言

九月十二日　　石田治部少輔花押

慶長五年（一五九九）九月十二日　増田長盛宛て文書　『古今消息集』所収

兵力を西濃へ集中

岐阜城の陥落は三成の戦略を大きく転換させた。

家康包囲網は破られ、東西の連携は不可能となった。三成方の前線は大きく後退し、西濃（岐阜県西部）大垣城へ逼塞《ひっそく》することとなった。三成は主力をこの地へ集結させるように努力したが、かろうじて集まってきたのは、伊勢（三重県北中部）方面に転戦していた宇喜多秀家《うきたひでいえ》らの部隊だけであった。挙兵の中心であった毛利輝元《もうりてるもと》は大坂城を動かず、鎮西（九州）の名将・立花宗茂《たちばなむねしげ》らは、京の膝下《しっか》で反旗を翻《ひるがえ》した大津（滋賀県大津市）城主・京極《きょうごく》攻めに当てられていた。

▲関ヶ原笹尾山（岐阜県関ケ原町）

この当時の日本の内戦を一種の人気投票に例える見方がある。家康が東征している隙《すき》をついて挙兵し、上方《かみがた》の拠点を一気に攻略し、美濃まで勢力に入れた三成のやり方に、多くの西国諸侯は靡《なび》いた。ただ、その後の緩慢な動きの中で、多くの諸侯は動揺し、畿内においても反旗を翻すものが現れる状況になったのである。

この機を逃さず、家康は主力を西上させることにした。

しかし家康も背後に上杉や敵対分子を抱え、状況は楽観できるものではない。

ただ堅実さだけではなく大胆さを併せ持っているのが、家康の非凡なところである。

上方の三成・毛利、背後の上杉に連携する可能性がないと見るや、本拠地を空にする勢いで兵力を西濃に集中させてきたのである。

▲大垣城（岐阜県大垣市）

三成が家康包囲網の両翼と期待した、上杉と毛利は、この時どのような動きをとっていたのだろうか。

通説では上杉景勝は最上《もがみ》攻めに拘泥《こうでい》し、毛利輝元は家中分裂の中で、大坂にて逼塞していたという見方が強い。ただ景勝《かげかつ》・輝元とも騒乱の時代を乗り越えてきた人物であり、この危機的な状況の中で、そこまで優柔不断な緩慢さを示していたわけではない。

東北での上杉景勝の戦い

まず上杉であるが、もともと三成と親しい佐竹《さたけ》氏とは水面下で同盟を結んでいた。八月五日付けの兼続《かねつぐ》書状では、佐竹義宣《よしのぶ》が家康からの人質要請を断り、三成方についたことを記している。また八月一日付の三成書状でも「景勝・佐竹一味たるべく」として両

秀吉死後の豊臣政権と主要大名の動向
（「週刊ビジュアル日本の合戦」No.２掲載分をもとに作成）

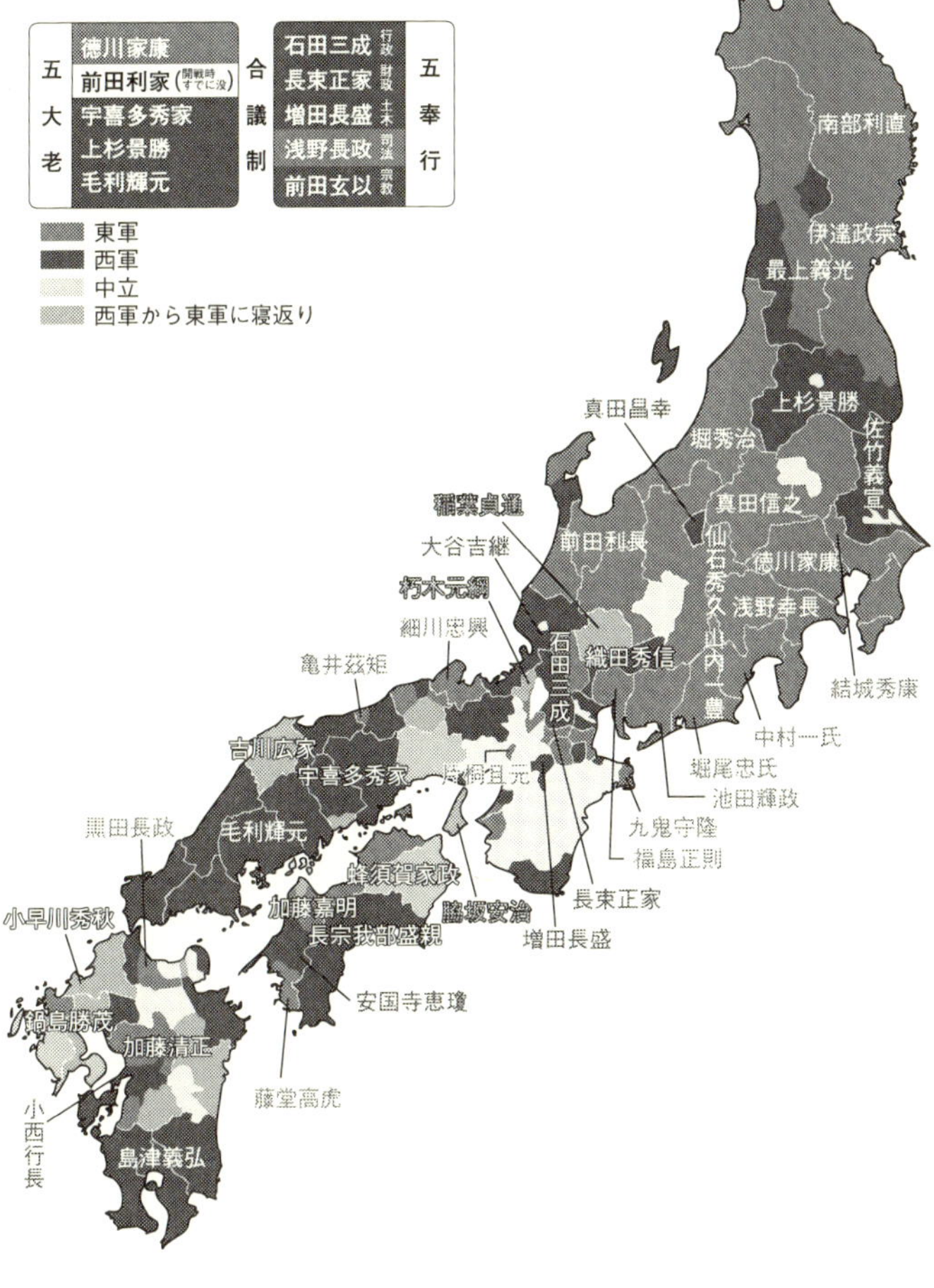

者が同盟して味方したとの認識を示している。

実際には佐竹家中も意見が分裂し、必ずしも積極的に西軍側の動きをしているわけではないが、状況が三成方に有利になれば、家中あげて西軍についたことは間違いないだろう。上杉・佐竹の同盟成立を受けて、彼らと関係の深い岩城《いわき》・相馬《そうま》氏も上杉方につき、さらに伊達政宗、最上義光《よしあき》らの書状では、南部《なんぶ》・秋田・戸沢ら奥州の主だった領主は全て上杉方に気脈を通じる状態であったという。景勝はこの時期、伊達・最上を除く奥羽《おうう》（東北地方）の諸侯全てと同盟を結び、一大勢力圏を築いていたと考えられる。

この情勢下で孤立感を含めていた最上・伊達は、徳川主力が西上するという状況下で上杉方との講和交渉も開始していた。もし両者と講和が成立すれば、景勝としては、家康の留守を狙って関東へ進攻することが可能となったと思われる。三成方、西軍首脳の景勝への期待もまさにそこにあり、景勝は八月二十五日付書状で、

「家康が上洛を決定したならば、佐竹と相談し、万事をなげうって関東へ乱入するよう準備していますのでご安心ください」

と述べている。しかし実際に景勝が向かったのは、三成らが期待する関東ではなく、出羽（山形県・秋田県）の最上であった。

この件に関し、光成準治《みつなりじゅんじ》氏は「景勝・兼続は伊達・最上氏のいずれかと講和する気はあっても、双方と講和する気はなかったことが明らかである。つまり、景勝・兼続の

本音は奥羽・越後を制圧し、一大領国を形成することにあったと考えられるのである」

「伊達・最上氏を打倒すれば、奥羽越佐の覇者となりえたのである」と述べている。

情報不足の奥羽で孤独な戦いを続ける景勝にとっては、上方の情勢より、まず自己の基盤拡大が何よりも重要であった、ということになる。実際、その面では景勝はかなりの成果を上げていた。しかし東西からの連携で家康を翻弄させる、という三成の考えは理解されず、徳川主力の西上を許してしまったのである。

▲▼笹尾山の三成陣跡（岐阜県関ケ原町）

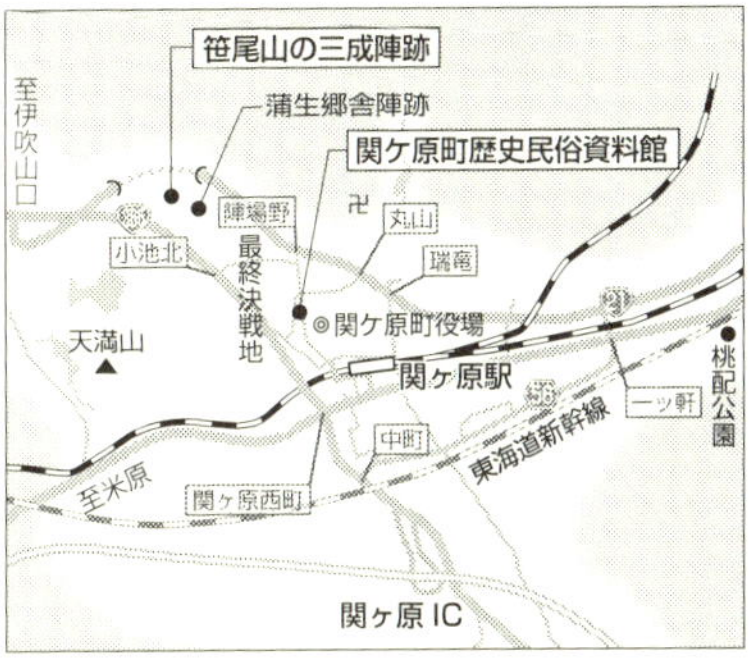

四国・九州での毛利輝元の狙い

一方で西軍総帥、毛利輝元の動きはどうだったろう。

伏見落城後、毛利秀元《ひでもと》らを中心とする一門衆は伊勢攻めに加わっていた。秀元は増援の要請を輝元に送っているが、輝元はそれに応えていない。

輝元には別の意図があったのである。この時期、家康との戦いの前線である美濃とは別の地域に多くの毛利軍が送られていた。それは四国・九州である。

既に伏見城攻めが続いている七月中に毛利軍は阿波《あわ》（徳島県）を占領していた。これは輝元の独断で、三成ら奉行衆との相談の上ではないと考えられる。また讃岐《さぬき》（香川県）も早い段階で接収していたことが窺える。その後、八月中旬からは伊予《いよ》（愛媛県）に対して大規模な軍事行動を起こしている。伊予攻めに関しては加藤嘉明《かとうよしあき》の留守居との戦いで苦杯を嘗めたこともあり、必ずしも順調にはいっていないが、関ヶ原の戦いまでに、西軍に与《くみ》した土佐（高知県）を除く四国の大部分は毛利傘下に入っていたものと思われる。また毛利勢は豊前（福岡県東部・大分県北部）にも進行していた。

一門を伊勢・美濃に派遣する一方で、国人中心に四国・九州攻めを行っていた輝元の意図は、景勝と同じであったろう。即ち、この騒乱に乗じて自己の所領拡大を図り、割拠の体制をとることである。このような両面作戦を行っていたから、輝元は大坂を離れられなかったとも考えられる。

頼りにする毛利・上杉のこのようなバラバラな戦いぶりを見て、三成は唖然としたことであろう。

翻《ひるがえ》ってみれば、三成らが目的としてきたのは、このような諸侯による弱肉強食社会に終止符をうち、騒乱の時代に秩序を打ち立てることであった。豊臣政権の基本政策である惣無事令《そうぶじれい》（豊臣平和令）の思想はそこにあった。自らの挙兵によって、その政治体制を破壊し、戦乱の時代に戻してしまった世を見つめる三成の目には、暗澹《あんたん》たる思いがあったかも知れない。

▲笹尾山の三成陣跡

三成逆転へのシナリオ

ただ三成方にまだ勝機が完全に去ったわけではない。

家康は背後に上杉・佐竹らの脅威を抱えたまま西上しているのであり、戦いが長期化すれば、風向きがどちらに転ぶかは分からない。この時期の戦いではいったん情勢が変化すると雪崩をうって味方が増えるケースも十分考えうるのである。

その逆転の戦略として、三成が考案したものが冒頭の書状に記されている。この書状は『古今消息集』に収められているものだが、正直なところ、これが三成の書いたものそのままとはとても思えない。通常の三成文書と文体・内容ともかけ離れているからである。もしこれが本当に三成の書いたものであるなら、三成は精神的に相当追いつめられて、自分自身を見失っていたのかも知れない。ただ原文をどこまで忠実に伝えているかはともかく、三成が最後に思い描いていたであろう戦術が、そこに記されている。

三成らは既に岐阜城落城前の八月十一日から、西濃の要衝・大垣城に籠城《ろうじょう》していた。岐阜城を落とした東軍も、西軍主力が籠る堅城・大垣城は攻めあぐね、戦いは膠着《こうちゃく》化していた。

三成はその上で総帥・輝元（中国衆）が出陣し、関ヶ原の松尾山《まつおやま》に布陣させる構想を思い描いていた。大垣城に籠る三成・秀家らと連携し、長期戦の体制を整えるというものである。

松尾山の戦略上の重要さに気づいていた三成は、築城名人の伊藤盛正《いとうもりまさ》らに命じて、この地に縄張りをし、輝元を迎える準備をしていたようである。現実に松尾山には今も大規模な陣城跡が残っている。

しかし輝元出陣が実現しないまま、九月十三日に、東軍の家康が美濃に着陣する。家康着陣に動揺する西軍の士気を維持するために、三成の重臣・嶋左近《さこん》が杭瀬《くいせ》川に出陣し、東軍の中村隊を破ったのは有名であるが、それに息つく間もなく、三成方にさらに新たな事態が発生する。

小早川秀秋《こばやかわひであき》が関ヶ原に着陣し、伊藤盛正が縄張りした松尾山に強引に押し入ったのである。この時期、秀秋は去就を明確にしていないが、大谷吉継《おおたによしつぐ》から急報を受けた三成らは、大垣城を出て関ヶ原に移動する。『関ヶ原軍記大成』等の記述では、この転進は秀秋謀反に備えるためとあり、関ヶ原に大軍を終結することで秀秋に圧力をかけ、その離反を防ぐ目的があったと考えられる。

通説では、三成の関ヶ原転進は、家康の策略によるものとされている。即ち大垣城を攻める困難さを考えた家康が、三成を城から誘き出すために、「家康は、大垣は捨て置

▲杭瀬川古戦場（岐阜県大垣市）

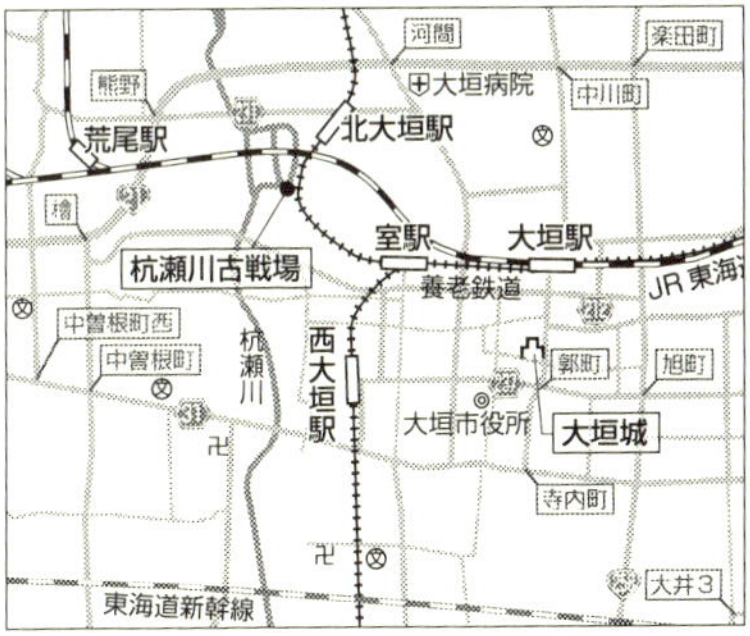

いて京・佐和山《さわやま》を攻めるつもりである」という情報を流し、「佐和山を攻められては堪《たま》らない」と恐慌をきたした三成が大垣城を出たというのである。しかし、この説は矛盾が多いし、一次史料からは裏付けることができない。実際戦いの直前まで、東軍側には陣替えの様子はないのである。

三成らが大垣城を出たのは、あくまで西軍側の事情によるものと考えられる。ただし西軍の移動を知った家康の決断は早かった。すぐさま出陣の指示を出し、それが翌日の関ヶ原決戦に繋がったのである。

この結果、三成らが目論んだ長期戦ではなく、関ヶ原合戦は短期決戦の様相を示すこととなった。

▲松尾山から望む関ヶ原

第十二章【最期】
辞世「残紅葉」

散り残る紅葉はことにいとおしき秋の名残はこればかりぞと

伝・三成辞世の句　龍潭寺蔵

斬首までの逸話は史実か

関ヶ原の戦い、その当日の様相はあまりに有名なので、ここで詳述しない。いずれにせよ、その日の午後には三成方の敗勢は明らかになり、三成は再起を期して落ち延びていく。

三成は、この後、大坂城に入ろうと潜伏しているところを、田中吉政の手のものに見つかり、十月一日に六条河原で斬首される。

三成が捕縛《ほばく》された経緯にも諸説あるが、合戦六日後の九月二十一日頃には見つかり、京へ送られたようである。

捕縛から刑死まで三成は様々な逸話を残している。
有名なものが多いが、ここにその代表的なものを示しておく。

三成が死に行く直前、警備の士に水を所望したところ渋柿を出され、渋柿は痰《たん》の毒だから食わぬ、と言い、首を切られる前に毒立ちとは、と嗤《わら》う周囲に「大志を持つ者は、最期まで体を労《いた》わる」と言い放った話……『茗話記《めいわき》』

家康から小袖をもらい、使いの者に「上様からだ」と言われたのに対し、「上様とは秀頼公のことだけだ」と言い返した話……『常山紀談《じょうざんきだん》』

自分を匿った領民・与次郎太夫に、累を及ぼさぬように、自分の所在を届け出るように諭した話……『関ヶ原軍記大成』『佐和山落城記』

刑死前、福島正則に「無用な戦《いくさ》を起こしてその縄目《なわめ》姿は何だ」と言われたのに対して、「おのれを生け捕りにして、このように縛ることができなかったのは、ただ天運によるものだ」と言い返した話……『常山紀談』

いずれも三成の人柄が窺われる逸話である。
これらの逸話が真実かなのかどうか、同時代の一次史料から確かめることはできない。
だが、江戸期にあれだけ貶《おとし》められ陰険な小人物とされた三成が、その最期においてこれだけ爽やかな逸話を残しているというのは不思議である。

これに対し、かつて作家の北条誠氏がこのような言葉を残している。

「敗軍の将、謀反《むほん》を起こして敗れた者の中で、三成だけが、最期にさわやかな逸話を残しています。これは、私、一つの不思議だと思うんです。三成についてはほとんど徳川方の歴史しか残っていないわけで、徳川にしたら憎い相手ですね。だから、めちゃくちゃに悪くしてもいいのに、そういうさわやかな逸話が残ったということは、民間に三成敬慕っていいますか、そういったものが長く尾を引いていたんではないかと思うんです」

三成が最期にこれだけ毅然《きぜん》とした態度をとれたのは何故だろうか。

これまで紹介した多くの書状で示したように、三成は自分の行動の理由を考え、それを吟味し正しいと思った上で実行する性格である。ある時それは言い訳がましい調子を帯びることもある。しかし自己を客観視し、その対応の是非を考える姿勢は共通している。

三成は確かにある種の理想をもって戦国時代を生きた。

関ヶ原の敗戦はもちろん三成にとって断腸の思いであったろうが、そこに至る経緯について自分自身に誤った部分はないとの確信が、三成にはあったのであろう。

自分の生涯を自信をもって振り返られる境地にたった三成こそが、取りうる態度であったのではないだろうか。

三成が最期に感じた美しさ

冒頭の辞世「残紅葉《ざんこうよう》」も、果たして本当に三成の詠んだ句がどうかは分からない。

三成の辞世として伝わるものは、もう一つ、

筑摩江《つくまえ》や芦間《あしま》に灯すかがり火とともに消えゆく我が身なりけり

という抒情的な歌もある。

だが三成最期の心境としては、おそらく「残紅葉」の方が相応しいだろう。この歌は三成自身のものではないとしても、三成の心境を慮《おもんばか》った人によるものと思う。

「散り残る紅葉」を秀頼に例えたという人もいるが、これはやはり三成自身のことと思いたい。

自分自身の生き方を貫いたときに、最期に感じた美しさが詠みこまれた歌ではないだろうか。

そして三成の理想、戦国の世に秩序をもたらすという思いは、皮肉なことにその敵、家康によって引き継がれ、実現されることとなった。

▲八幡神社（滋賀県長浜市石田町）にある三成自筆の歌碑「筑摩江」

石田三成年表

和暦	西暦	年齢	事項
永禄3年	1560年	1	三成、近江国坂田郡石田村（長浜市石田町）に生まれる。幼名佐吉 石田氏は、この地方の土豪であったとする見方が一般的である この年、越後で直江兼続（幼名与六）も誕生している
天正2年	1574年	15	三成はこの頃、近江にて秀吉に見出され、家臣となったとされる（三献茶の逸話…「砕玉話」） なお家臣となったのは三成が18歳、秀吉が姫路にいる時だとする説もある（「妙心寺寿聖院・霊牌日鑑」）
天正5年～	1577年～	18～	三成はこの頃から秀吉の近習として仕えていたと思われる
天正10年	1582年	23	6月2日　明智光秀による本能寺の変が起こり、信長が横死。信長の孫・三法師（後の秀信）は逃れる 6月13日　秀吉が明智光秀を討つ 6月27日　このころ、いわゆる清洲会議が行われ、秀吉の意見がとおり、織田家家督は三法師が継ぐ
天正11年	1583年	24	4月　秀吉が柴田勝家と戦った賤ヶ嶽の合戦で三成は諜報活動に当たる ▼1章の称名寺文書はこの時のものであり、三成文書の初見である 7月11日　三成は直江兼続に書を送り、秀吉と上杉景勝の同盟を斡旋 ▼第2章【邂逅】の書状はこの時のものであり、直江兼続と三成の親交はこの頃から始まっている

和暦	西暦	年齢	事項
天正12年	1584年	25	3月　小牧・長久手の戦いが起こり、秀吉と家康と対立。後に和解し家康が秀吉に臣従する 11月　三成、近江国蒲生郡の検地奉行をつとめる
天正13年	1585年	26	7月　このころ三成が従五位下治部少輔に叙任される 8月　秀吉、越中国佐々成政を攻める この際、三成は越後の落水城に行き、直江兼続と共に秀吉・上杉景勝の会見に立ち会ったとの話がある
天正14年	1586年	27	6月　上杉景勝が上洛し、秀吉に謁見。三成がこれを斡旋する 11月　このころ秀吉による関東惣無事令の初令が出されたとされる
天正15年	1587年	28	3月　秀吉の島津攻め 6月　三成、博多奉行に任命される 12月3日　広域的な豊臣惣無事令（豊臣平和令）が出される
天正16年	1588年	29	6月　島津義久が上洛し、秀吉に謁見。三成がこれを斡旋する
天正17年	1589年	30	11月ころ　三成、家臣を遣わして美濃の検地をする 11月　秀吉が、上州沼田領に対する裁定案を示し、真田昌幸は裁定に従い名胡桃を除く沼田領を北条に引き渡す この直後、北条が名胡桃を武力で乗っ取る 12月　秀吉、北条方の違約を責め、北条攻めの軍を起こす

和暦	西暦	年齢	事項
天正18年	1590年	31	3月　三成、秀吉に従い、小田原の北条攻めに出陣する 6月　三成、佐竹義宣・真田昌幸らと忍城を攻める（7月16日忍城落城） ▼この忍城攻めが、有名な三成の水攻めであるが、首尾よく行かず、三成の戦下手ぶりを示したものとされる。しかし三成自身は水攻めに批判的であったと判断される。第3章【葛藤】の書状はこの時のものである 7月5日　小田原開城。北条降伏 7月　三成、蒲生氏郷らと共に奥州仕置を命ぜられる
天正19年	1591年	32	4月　三成、豊臣家の蔵入地代官として佐和山城主となったとされる
文禄1年	1592年	33	2月　三成、朝鮮出兵のため肥前名護屋城へ行く 6月　三成、大谷吉継らと共に在鮮軍の奉行を命じられ、渡海する 7月　三成ら漢城にて出陣諸将を招集し、いわゆる漢城会議を開く ▼その直後、この朝鮮出兵を批判する書を国内に送る。これが第4章【苦悩】で紹介した三奉行連署状であり、三成がこの戦いの行く末を見通していたものとして注目される。三成はその後、講和成立へ向けて尽力している
文禄2年	1593年	34	1月　碧蹄館の戦いが起きる。三成は開城（ケソン）の放棄、漢城近郊での迎撃を主張。主戦派（小早川隆景ら）を抑え、この戦略を実行し、戦いの勝利に貢献している
文禄3年	1594年	35	9月　三成、島津氏の領国（薩摩・大隅・日向）の検地を行う 10月　同じく佐竹氏の領国（常陸・陸奥磐城・下野）の検地を行う

和暦	西暦	年齢	事項
文禄4年	1595年	36	2月 蒲生氏郷病死 6月 秀吉の命で、増田長盛、前田玄以らと聚楽第に行き、秀次の行状を糾明（翌7月秀次 高野山で切腹） 秀次改易に伴う牢人・舞兵庫らを召抱える 7月 三成、北近江4郡を所領として得る（近江に領地を得て正式に佐和山城主となる）
慶長1年	1596年	37	3月 三成が領内に十三ヶ条と九ヶ条の掟書を出す ▼第6章【治世】の掟書きはこの時のものであり、三成の治政方針が示されている 6月 三成は明の講和使節の接待役を任ぜられ、講和交渉にあたるが交渉は決裂し、再度の出兵（慶長の役）が始まる
慶長2年	1597年	38	▼このころは三成は伏見に主に在し、病身の秀吉の取次を行っていたと考えられる。第8章【交友】で示した真田信幸との一連の書状は主にこの時期から秀吉の死の直前まで続いたと推定される

和暦	西暦	年齢	事項
慶長3年	1598年	39	1月10日　景勝に会津への国替えが命じられる。この後すぐに三成は準備のため会津へ下向する 2月16日　三成と兼続は連名で会津に掟書を出す 5月　小早川秀秋、越前北ノ庄に転封を命じられ、三成が秀秋の旧領の代官として筑前に赴く ▼第5章【理想】の書状はこの転封に関連したものであり、三成の所領に関する考えが分かるものである 7月　このころ三成は五奉行に任ぜられたとされる 8月18日　秀吉、伏見城で病没 9月末頃　秀吉没後、在鮮軍を撤収させるため、浅野長政らと博多へ赴く
慶長4年	1599年	40	正月　家康の私婚問題が発生し、家康と他の大老・奉行が対立する 2月29日　前田利家が家康を訪問し和解する 閏3月3日　前田利家病没。その直後、三成は加藤清正・福島正則・黒田長政ら七将の襲撃を受ける 閏3月11日　家康の仲介を受け、三成は佐和山城へ蟄居する 9月7日　家康のいわゆる暗殺未遂事件が発覚したとされる。これにより家康の加賀攻めが企図される このころ家康の加賀攻めに先立ち、三成も越前へ出陣したとの説がある。ただし後に前田側が恭順姿勢をしめしたことにより加賀攻めは回避される

和暦	西暦	年齢	事項
慶長5年	1600年	41	5月3日　このころ兼続のいわゆる「直江状」が出されたとされる。この後、家康の会津攻めが始まる 7月17日　「内府ちがひの条々」が発せられる ▼第9章【決別】に紹介した書状はこの時のものである 7月晦日　決起直後、三成、真田昌幸あて味方するよう依頼する書状を送る。この後、昌幸・幸村（信繁）は三成方につき、信幸は家康方につく ▼第10章【死闘】に紹介した書状はこの時のものである 8月頃　織田秀信、三成方につく 8月10日　三成、大垣城入城 8月23日　岐阜城落城。城主・織田秀信は後に高野山へ送られる 9月12日　三成、大垣在陣諸将の様子を増田長盛に伝える ▼第11章【危機】に紹介した書状はこの時のものである 9月14日　三成ら大垣城から関ヶ原へ移動 9月15日　三成、関ヶ原で戦うが敗れる。伊吹山中を古橋まで逃走 9月21日　三成、このころ伊香郡古橋村にて捕縛される 10月1日　三成、小西行長、安国寺恵瓊が共に京・六条河原にて斬首 三成の亡骸は沢庵らの手により、大徳寺三玄院に葬られたとされる ▼辞世として第12章【最期】に紹介した残紅葉の句が伝わる

跋

江戸期の絵師・東洲斎写楽は、わずか十ヶ月の間に百四十五点に及ぶ作品を描きあげた。しかしその芸術性は生前も死後も長く理解されず、平凡な下手な絵師として伝えられていた。写楽の芸術性が正しく再評価されたのは、死後百年以上も経ってから、遠く欧州の地においてであった。

世が変わらないと正しく評価されないのは芸術家の世界に留まらない。

石田三成も長くその人物像は歪められ続けていた。陰謀家、人望のない冷徹な人物像だけが世に流布されてきた。近年になり、再評価の動きが進んできたとはいえ、その思想や人間性はまだまだ誤解されている点が多いと感じる。

本書ではその三成の考え方や人間性をできるだけ正しく評価できるよう、三成が書いた書状を中心に考察するように試みたものである。

三成が生まれたころ、この国は数十年以上も続く戦乱の中にあった。平和な時代に生まれた私たちが平和を当たり前のものと享受しているように、三成らの時代は戦乱が日常であった。

三成らはそういう戦乱で混沌とした時代に、新しい概念と秩序・公平性を持ち込もうとしたのである。今回紹介したもの、紹介しきれなかった多くの書状を通じ、私はそう信じている。

本書を通じ、三成の人間性や思想を見直せるように感じた方々がいれば、著者として誠に幸いである。

なお紹介した書状は最初はできるだけ忠実に現代語に訳すよう努めたが、直訳では意味の通じないと感じた部分は注釈したり加筆したりしている。原文の内容を分かりやすくするように意図したつもりであるが、やり過ぎや誤読と思われるものがあればご指摘いただければ幸いである。

また本文中には三成単独で書いたものではなく連署になっているものや「内府ちがひの条々」のように差出人すら名を連ねていないものもある。これらを三成書状に含めることへのご批判もあるかも知れない。これらは私見で三成の人間性や生き方につながるものを識別したということでご容赦いただきたい。

最後になりますが、本書の発行に際しては、史料や写真の提供に際して、私の所属するオンライン三成会の会員の多くの方にご協力いただきました。またサンライズ出版・矢島氏にも多くのご指導をいただきました。合わせて感謝します。

平成二十四年十月

中井俊一郎

●主な参考文献

渡辺世祐『稿本石田三成』（雄山閣、一九〇七）
安藤英男編『石田三成のすべて』（新人物往来社、一九八五）
白川亨『石田三成の生涯』（新人物往来社、一九九五）
白川亨『石田三成とその一族』（新人物往来社、一九九七）
長浜城歴史博物館編『石田三成第一章―秀吉を支えた知の参謀―』（長浜城歴史博物館、一九九九）
長浜城歴史博物館編『石田三成第二章―戦国を疾走した秀吉奉行―』（長浜城歴史博物館、二〇〇〇）
太田浩司『近江が生んだ知将　石田三成』（サンライズ出版、二〇〇九）
中井俊一郎「武将三成　忍城水攻めと文禄の役に見る高度な戦略眼」（学研『歴史群像シリーズ55石田三成』、一九九八）
光成準治「関ヶ原前夜における権力闘争」（吉川弘文館「日本歴史」第707号、二〇〇七）
笠谷和比古『関ヶ原合戦』（講談社選書メチエ、一九九四）
桐野作人『真説関ヶ原合戦』（学研M文庫、二〇〇〇）
宮川尚古『関ヶ原軍記大成』（国史研究会、一九一六）
中井俊一郎「関ヶ原大決戦」（秋田書店「歴史と旅」四月号、一九九九）
米山一政編『真田家文書上』（松代文化施設等管理事務所、一九八一）
伊藤真昭「石田三成佐和山入城の時期について」「洛北史学」第4号（洛北史学会、二〇〇二）
水野伍貴「秀吉死後の権力闘争と会津征討」「近世近代における地域社会の展開」（岩田書院）
水野伍貴「佐和山引退後における石田三成の動向について」（政治経済史学530、二〇一〇）
加藤秀幸「石田三成書状―その趣好―」（古文書研究10号、一九七六）
羽下徳彦・阿部洋輔・金子達「歴代古案第2巻」（八木書店、一九九五）
河合秀郎「石田三成、悪評に隠された人望と強固な人脈」（別冊歴史読本「誰も書かなかった戦国武将96人の真実」新人物往来社、二〇〇九）
海津一朗編『中世終焉』（清文堂、二〇〇八）
太田浩司「直江兼続と石田三成」「直江兼続の新研究」所収（宮帯出版社、二〇〇九）
白峰旬『新関ヶ原合戦論』（新人物往来社、二〇一一）
中井俊一郎「本当に三成は合戦が下手だったのか」（別冊宝島１６３２「悲劇の智将石田三成」、二〇〇九）
笠谷和比古『関ヶ原合戦と近世の国制』（思文閣出版、二〇〇〇）
中井俊一郎・白川亨「生まれ変わる三成像　８つの論点」（別冊歴史読本「石田三成　復権４００年目の真実」新人物往来社、二〇〇九）
オンライン三成会編『三成伝説』（サンライズ出版、二〇〇九）
角川書店編『日本史探訪12関ヶ原合戦と大坂の陣』（角川書店、一九八五）
光成準治『関ヶ原前夜』（ＮＨＫブックス、二〇〇九）
柴辻俊六『真田昌幸』（吉川弘文館、一九九六）
藤木久志『豊臣平和令と戦国社会』（東京大学出版会、一九八五）

■中井俊一郎（なかい・しゅんいちろう）
群馬県在住。インターネット上での三成ファンの集い「オンライン三成会」代表幹事。本業は宇宙開発エンジニア。三成の足跡を追いはじめて30余年。本業の合間をぬって三成を追う旅を続けている。昨今の三成ブームには嬉しさと戸惑いが半々。オンライン三成会としての著書に『三成伝説　現代に残る石田三成の足跡』（サンライズ出版）、その他共著として『戦国驍将知将奇将伝』『石田三成』『疾風上杉謙信』（いずれも学研）などがある。

ウェブサイト「石田三成のページ」
http://www.asahi-net.or.jp/~ia7s-nki/
ブログ「石田三成と戦国史に関するBlog」
http://mitsunari.asablo.jp/blog/

■協力・写真提供など
市野澤永・北宮奈央・小池亜希子・田附清子・鳥海佳世・長澤右・比良直美（以上オンライン三成会）、長浜み～な編集室

石田三成《いしだみつなり》からの手紙《てがみ》　12通《つう》の書状《しょじょう》に見るその生き方

2012年10月29日　初　版　第1刷発行
2015年8月15日　初　版　第2刷発行

著　者　中井俊一郎

発行者　岩 根 順 子
発行所　サンライズ出版
〒522-0004 滋賀県彦根市鳥居本町655-1
TEL.0749-22-0627 FAX.0749-23-7720

印刷・製本　サンライズ出版

※落丁乱丁はお取り替えします。※定価はカバーに記載しています。
ISBN978-4-88325-490-3